Le Robert & Collins
ANGLAIS
DICTIONNAIRE VISUEL

AF080215

HarperCollins Publishers
Westerhill Road
Bishopbriggs
Glasgow G64 2QT
Great Britain

Première édition / First edition 2021

© HarperCollins 2021
Collins® is a registered trademark of
HarperCollins Publishers Limited

www.collinsdictionary.com

Dictionnaires Le Robert
92, avenue de France
75013 Paris - France

www.lerobert.com

ISBN 978-2-32101-646-5

Tous droits réservés / All rights reserved

POUR LA MAISON D'ÉDITION /
FOR THE PUBLISHER
Maree Airlie
Gerry Breslin
Kerry Ferguson

COLLABORATEURS / CONTRIBUTORS
Laurence Larroche
Maurane Prezelin

Photocomposition / Typeset by
Jouve, India
Imprimé par / Printed by Chirat, France

Dépôt légal avril 2021
N° d'éditeur : 911646/10290364
N° imprimeur 202212.0002
Achevé d'imprimer en décembre 2022

AUDIO OFFERT !
Idéal pour améliorer votre prononciation.
Rendez-vous sur http://activation.lerobert.com/anglais

Ce livre est imprimé sur du papier issu de forêts gérées durablement.

SOMMAIRE

4	INTRODUCTION
7	L'ESSENTIEL
17	LES TRANSPORTS
45	À LA MAISON
69	AUX MAGASINS
113	LE QUOTIDIEN
141	LES LOISIRS
167	LE SPORT
191	LA SANTÉ
217	LA PLANÈTE TERRE
237	LES FÊTES
245	INDEX

LE MARCHÉ | MARKET

Les marchés sont présents dans les villes et villages de tout le Royaume-Uni. On trouve généralement des informations sur ces marchés sur Internet ou à l'office de tourisme local. Des marchés fermiers s'installent également dans de nombreux villages quelques jours par mois et des vide-greniers sont souvent organisés le week-end.

VOUS POUVEZ DIRE...

Quel est le jour du marché ?
When is market day?

Combien je vous dois ?
What do I owe you?

VOUS POUVEZ ENTENDRE...

Le marché a lieu le mardi.
The market is on a Tuesday.

Voici votre monnaie.
Here's your change.

VOCABULAIRE

le marché aux puces **flea market**	l'étal **stall**	bio **organic**
le marché couvert **indoor market**	les produits **produce**	de saison **seasonal**
le marché fermier **farmers' market**	local(e) **local**	fait maison **home-made**

LE SAVIEZ-VOUS ?

Le marchandage n'est pas une pratique courante sur les marchés de fruits et légumes. Mais c'est une autre histoire dans les vide-greniers !

le marchand /
la marchande
market trader

le marché
marketplace

le vide-grenier
car-boot sale

Que vous partiez en vacances ou que vous passiez un séjour plus long au Royaume-Uni, votre **Dictionnaire Visuel Collins** est conçu pour vous aider à trouver exactement ce dont vous avez besoin, au moment où vous en avez besoin. Avec plus de mille images claires et pertinentes, vous trouverez rapidement le vocabulaire que vous recherchez.

Le Dictionnaire Visuel comprend :

- 10 **chapitres** organisés par thèmes, pour trouver facilement ce qui correspond à votre situation
- **(1)** **des images** - illustrant des objets importants
- **(2)** **VOUS POUVEZ DIRE…** - des phrases courantes que vous pourriez utiliser
- **(3)** **VOUS POUVEZ ENTENDRE…** - des phrases courantes que vous pourriez rencontrer
- **(4)** **VOCABULAIRE** - des mots courants dont vous pourriez avoir besoin
- **(5)** **LE SAVIEZ-VOUS ?** - des conseils sur les coutumes et les usages locaux
- un **index** pour retrouver facilement et rapidement toutes les images
- des **phrases** et des **nombres** indispensables listés sur les rabats pour pouvoir les consulter rapidement

COMMENT UTILISER VOTRE DICTIONNAIRE VISUEL COLLINS

Afin que les phrases et le vocabulaire du **Dictionnaire Visuel Collins** soient présentés de manière claire et facile à comprendre, nous avons suivi certaines règles lors de la traduction :

1) Toutes les traductions au pluriel sont indiquées par un repère, par exemple :

les fines herbes herbs pl

2) Lorsqu'il est différent du masculin, le féminin des noms est indiqué à côté de la forme masculine, qui reste la traduction principale :

le serveur / la serveuse waiter/waitress

Lorsqu'une seule forme apparaît, cela signifie que cette forme est utilisée à la fois pour les hommes et les femmes.

3) Les verbes anglais donnés comme traduction dans le Dictionnaire Visuel apparaissent à la forme infinitive, précédée de « to ». Par exemple :

avoir une correspondance to change trains

L'ESSENTIEL | THE ESSENTIALS

Que vous partiez en vacances au Royaume-Uni ou que vous souhaitiez y habiter, vous allez devoir discuter avec les gens pour apprendre à les connaître. Pouvoir communiquer efficacement avec des connaissances, des amis, de la famille ou des collègues est une étape majeure de la maîtrise de l'anglais dans une variété de situations du quotidien.

le parapluie
umbrella

bleu(e)
blue

rouge
red

vert(e)
green

jaune
yellow

blanc / blanche
white

noir(e)
black

L'ESSENTIEL | THE BASICS

Bonjour.
Hello.

Salut ! (*bonjour*)
Hi!

Bonjour. (*le matin*)
Good morning.

Bonjour. (*l'après-midi*)
Good afternoon.

Bonsoir.
Good evening.

Bonne nuit.
Good night.

Enchanté(e).
Pleased to meet you.

Au revoir.
Goodbye.

Salut ! (*au revoir*)
Bye!

À bientôt.
See you soon.

À demain.
See you tomorrow.

À samedi.
See you on Saturday.

Bonne journée !
Have a good day!

Bonne soirée !
Have a good evening!

LE SAVIEZ-VOUS ?

Les Britanniques sont assez formels lorsqu'ils se rencontrent pour la première fois et vont échanger une poignée de main au début et à la fin de la conversation. Les amis et la famille sont plus chaleureux et se disent bonjour en se prenant dans les bras ou même en se faisant la bise.

Oui / Si.
Yes.

Non.
No.

Je ne sais pas.
I don't know.

S'il vous plaît.
Please.

Merci.
Thank you.

Non merci.
No, thanks.

Excusez-moi.
Excuse me.

Pardon ?
Sorry?

Je suis désolé(e).
I'm sorry.

D'accord !
OK!

De rien.
You're welcome.

Je ne comprends pas.
I don't understand.

LE SAVIEZ-VOUS ?

Le mot « sorry » a plusieurs utilisations en anglais. « I'm sorry » est utilisé pour s'excuser ou exprimer un regret. Lorsqu'il est utilisé en tant que question (« Sorry? »), cela signifie que l'on vous demande de répéter ce que vous venez de dire.

À VOTRE SUJET | ABOUT YOU

Il est d'usage de s'adresser à une personne ou d'attirer son attention en utilisant son titre. « Mr » est utilisé pour les hommes, qu'ils soient mariés ou non. « Mrs » s'emploie pour les femmes mariées et « Ms » est utilisé lorsque l'on ne précise pas si la femme est mariée ou non. « Miss » est généralement réservé aux filles et parfois aux femmes célibataires.

Comment vous appelez-vous ?
What's your name?

Je m'appelle...
My name is...

Quel âge avez-vous ?
How old are you?

Est-ce que je peux vous demander votre âge ?
May I ask how old you are?

Quelle est votre date d'anniversaire ?
When is your birthday?

J'ai... ans.
I'm ... years old.

Mon anniversaire est le...
My birthday is on...

D'où venez-vous ?
Where are you from?

Où habitez-vous ?
Where do you live?

J'habite à...
I live in...

Je viens...
I'm from...

... de France.
... France.

... de la Suisse.
... Switzerland.

Je suis...
I'm...

... français.
... French.

... suisse.
... Swiss.

Êtes-vous marié(e) ?
Are you married?

Êtes-vous célibataire ?
Are you single?

Je suis marié(e).
I'm married.

Je suis divorcé(e).
I'm divorced.

J'ai un compagnon / une compagne.
I have a partner.

Je suis célibataire.
I'm single.

Je suis veuf / veuve.
I'm widowed.

Avez-vous des enfants ?
Do you have any children?

J'ai... enfants.
I have ... children.

Je n'ai pas d'enfants.
I don't have any children.

LE SAVIEZ-VOUS ?

Au Royaume-Uni, il n'est pas poli de demander l'âge d'une femme. Si vous avez besoin de le faire, il vaut mieux utiliser une expression plus soutenue comme « May I ask how old you are? » (« Est-ce que je peux vous demander votre âge ? »).

LA FAMILLE ET LES AMIS | FAMILY AND FRIENDS

Voici mon / ma...
This is my...

Voici mes...
These are my...

le mari
husband

la femme
wife

le fils
son

la fille
daughter

les parents
parents *pl*

le compagnon /
la compagne
partner

le copain
boyfriend

la copine
girlfriend

le fiancé / la fiancée
fiancé/fiancée

le père
father

la mère
mother

le frère
brother

la sœur
sister

le grand-père
grandfather

la grand-mère
grandmother

le petit-fils
grandson

la petite-fille
granddaughter

le beau-père
**father-in-law/
stepfather**

la belle-mère
**mother-in-law/
stepmother**

la belle-fille
**daughter-in-law/
stepdaughter**

le beau-fils
stepson

le gendre
son-in-law

le beau-frère
brother-in-law

la belle-sœur
sister-in-law

le demi-frère
half-brother

la demi-sœur
half-sister

l'oncle
uncle

la tante
aunt

le neveu
nephew

la nièce
niece

le cousin /
la cousine
cousin

l'ami / l'amie
friend

le bébé
baby

l'enfant
child

l'adolescent /
l'adolescente
teenager

LE BIEN-ÊTRE | GENERAL HEALTH AND WELLBEING

Comment allez-vous ?
How are you?

Comment ça va ?
How's it going?

Comment va-t-il / elle ?
How is he/she?

Comment vont-ils / elles ?
How are they?

Très bien, merci, et vous ?
Very well, thanks, and you?

Bien, merci.
Fine, thanks.

Super bien !
Great!

Ça va.
I'm OK.

Pas mal, merci.
Not bad, thanks.

On fait aller.
Could be worse.

Je suis fatigué(e).
I'm tired.

J'ai soif.
I'm thirsty.

J'ai faim.
I'm hungry.

Je n'ai plus faim.
I'm full.

J'ai froid.
I'm cold.

J'ai chaud.
I'm warm.

Je suis...
I am...

Il / Elle est...
He/She is...

Ils / Elles sont...
They are...

heureux / heureuse
happy

enthousiaste
excited

calme
calm

surpris(e)
surprised

énervé(e)
annoyed

en colère
angry

triste
sad

inquiet / inquiète
worried

effrayé(e)
afraid

détendu(e)
relaxed

Je m'ennuie.
I'm bored.

Je me sens...
I feel...

Il / Elle se sent...
He/She feels...

Ils / Elles se sentent...
They feel...

bien
well

pas bien
unwell

mieux
better

pire
worse

déprimé(e)
depressed

LE TRAVAIL | WORK

Où travaillez-vous ?
Where do you work?

Que faites-vous dans la vie ?
What do you do?

Quel est votre métier ?
What's your occupation?

Est-ce que vous travaillez / étudiez ?
Do you work/study?

Je suis à mon compte.
I'm self-employed.

Je suis au chômage.
I'm unemployed.

Je suis encore au lycée.
I'm still at school.

Je suis à l'université.
I'm at university.

Je suis à la retraite.
I'm retired.

Je voyage.
I'm travelling.

J'ai ma propre entreprise.
I have my own business.

Je travaille à temps partiel / complet.
I work part-/full-time.

Je travaille comme…
I work as a/an…

Je suis…
I'm a/an…

l'agriculteur / l'agricultrice
farmer

l'architecte
architect

l'avocat / l'avocate
lawyer

le conducteur / la conductrice
driver

le cuisinier / la cuisinière
chef

le dentiste / la dentiste
dentist

l'électricien / l'électricienne
electrician

l'employé de bureau / l'employée de bureau
office worker

l'employé de ménage / l'employée de ménage
cleaner

le facteur / la factrice
postal worker

le fonctionnaire / la fonctionnaire
civil servant

l'infirmier / l'infirmière
nurse

l'informaticien / l'informaticienne
IT worker

l'ingénieur / l'ingénieure
engineer

le journaliste / la journaliste
journalist

le marin / la femme marin
sailor

le marin-pêcheur / la femme marin-pêcheur
fisherman / fisherwoman

le mécanicien / la mécanicienne
mechanic

le médecin / la médecin
doctor

le menuisier / la menuisière
joiner

l'ouvrier / l'ouvrière du bâtiment
builder

le plombier / la plombière
plumber

le policier / la policière
police officer

le professeur / la professeure
teacher

le sapeur-pompier / la sapeur-pompier
firefighter

le scientifique / la scientifique
scientist

le serveur
waiter

la serveuse
waitress

le soldat / la soldate
soldier

le vendeur / la vendeuse
salesperson

le vétérinaire / la vétérinaire
vet

Je travaille à / pour / dans...
I work at/for/in...

l'administration
government

le bureau
office

le chantier
construction site

le commerce
business

l'école
school

l'entreprise
company

l'hôpital
hospital

l'hôtel
hotel

le restaurant
restaurant

l'usine
factory

le magasin
shop

LE SAVIEZ-VOUS ?

Lorsque l'on parle du métier de quelqu'un en anglais, il faut toujours ajouter le déterminant « a » devant le nom de métier. Par exemple : « She's a teacher » (« Elle est professeure »).

L'HEURE | TIME

le matin
morning

l'après-midi
afternoon

le soir
evening

la nuit
night

midi
midday

minuit
midnight

aujourd'hui
today

ce soir
tonight

demain
tomorrow

hier
yesterday

après-demain
the day after tomorrow

avant-hier
the day before yesterday

du matin
a.m.

de l'après-midi / du soir
p.m.

Quelle heure est-il ?
What time is it?

Il est neuf heures.
It's nine o'clock.

Il est neuf heures dix.
It's ten past nine.

Il est neuf heures et quart.
It's quarter past nine.

Il est neuf heures vingt-cinq.
It's 25 past nine.

Il est neuf heures et demie.
It's half past nine.

Il est dix heures moins vingt.
It's 20 to ten.

Il est dix heures moins le quart.
It's quarter to ten.

Il est dix heures moins cinq.
It's five to ten.

Il est 17 h 30.
It's 17:30.

Quand... ?
When...?

... dans 60 secondes / deux minutes.
... in 60 seconds / two minutes.

... dans un quart d'heure / une demi-heure / une heure.
... in quarter of an hour/half an hour/ an hour.

tôt
early

tard
late

bientôt
soon

plus tard
later

maintenant
now

avant
before

après
after

YOU SHOULD KNOW...

Au Royaume-Uni, il n'est pas courant d'utiliser le format 24 heures pour donner l'heure.

LES JOURS, LES MOIS, LES SAISONS
DAYS, MONTHS, AND SEASONS

lundi **Monday**	mercredi **Wednesday**	vendredi **Friday**	dimanche **Sunday**
mardi **Tuesday**	jeudi **Thursday**	samedi **Saturday**	

janvier **January**	avril **April**	juillet **July**	octobre **October**
février **February**	mai **May**	août **August**	novembre **November**
mars **March**	juin **June**	septembre **September**	décembre **December**

le jour **day**	tous les quinze jours **fortnightly**	en février **in February**
le week-end **weekend**	mensuel **monthly**	en 2021 **in 2021**
la semaine **week**	annuel **yearly**	dans les années 80 **in the '80s**
les quinze jours **fortnight**	le lundi **on Mondays**	le printemps **spring**
le mois **month**	tous les dimanches **every Sunday**	l'été **summer**
l'année **year**	jeudi dernier **last Thursday**	l'automne **autumn**
la décennie **decade**	vendredi prochain **next Friday**	l'hiver **winter**
quotidien **daily**	la semaine d'avant **the week before**	au printemps **in spring**
hebdomadaire **weekly**	la semaine d'après **the week after**	en hiver **in winter**

LA MÉTÉO | WEATHER

Quel temps fait-il ?
How's the weather?

Quelles sont les prévisons météo pour aujourd'hui / demain ?
What's the forecast for today / tomorrow?

Quelle température fait-il ?
What's the temperature?

Est-ce qu'il fait chaud / froid ?
Is it warm/cold?

Est-ce qu'il va pleuvoir ?
Is it going to rain?

Quelle belle journée !
What a lovely day!

Quel mauvais temps !
What awful weather!

Le temps est nuageux / couvert.
It's cloudy / overcast.

Il y a du brouillard / de la brume.
It's foggy / misty.

Il gèle.
It's freezing.

Il pleut / neige.
It's raining/snowing.

Il y a du vent.
It's windy.

Le temps est changeant.
It's changeable.

Il fait...
It is...

beau
nice

mauvais
horrible

chaud
warm

très chaud
hot

doux
mild

frais
cool

pluvieux
wet

ensoleillé
sunny

le soleil
sun

la pluie
rain

la neige
snow

la grêle
hail

le vent
wind

le coup de vent
gale

la brume
mist

le brouillard
fog

le tonnerre
thunder

l'éclair
lightning

l'orage
thunderstorm

la tempête
storm

le nuage
cloud

LES TRANSPORTS | TRANSPORT

Les réseaux britanniques de transport sont très bien développés. En plus d'un réseau complet de routes et d'autoroutes, les voies ferrées parcourent le pays et beaucoup de grandes villes possèdent des aéroports proposant à la fois des vols domestiques et internationaux. Des ferries rejoignent également un grand nombre de destinations européennes et transportent les voyageurs jusqu'aux nombreuses îles de la côte britannique.

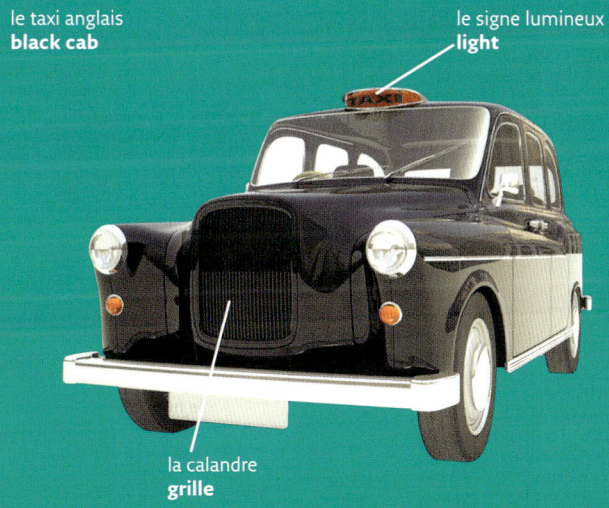

le taxi anglais
black cab

le signe lumineux
light

la calandre
grille

L'ESSENTIEL | THE BASICS

Lorsque vous demandez votre chemin, il est plus poli d'attirer l'attention de votre interlocuteur avec « Excuse me » avant de demander où se trouve votre destination. Les distances peuvent vous être données en yards (1 yard ≈ 1 m) et miles (1 mile ≈ 1 600 m) ou en mètres et kilomètres.

VOUS POUVEZ DIRE...

Excusez-moi...
Excuse me...

Où se trouve... ?
Where is...?

Dans quelle direction se trouve... ?
Which way is...?

Quel est le chemin le plus rapide pour... ?
What's the quickest way to...?

C'est à quelle distance ?
How far away is it?

C'est loin d'ici ?
Is it far from here?

Je me suis perdu(e).
I'm lost.

Je cherche...
I'm looking for...

Je vais à...
I'm going to...

Je peux y aller à pied ?
Can I walk there?

Je voudrais un taxi pour...
I'd like a taxi to...

VOUS POUVEZ ENTENDRE...

C'est là-bas.
It's over there.

C'est dans l'autre direction.
It's in the other direction.

C'est à... miles / minutes d'ici.
It's ... miles/minutes away.

Continuez tout droit.
Go straight ahead.

Tournez à gauche / droite.
Turn left/right.

C'est à côté de...
It's next to...

C'est en face de...
It's opposite...

C'est près de...
It's near...

Prenez la direction...
Follow the signs for...

Ça fait... livres sterling, s'il vous plaît.
That comes to ... pounds, please.

VOCABULAIRE

la rue
street

le conducteur /
la conductrice
driver

le passager /
la passagère
passenger

le piéton / la piétonne
pedestrian

la circulation
traffic

l'embouteillage
traffic jam

l'heure de pointe
rush hour

les transports en commun
public transport

le taxi
taxi

la station de taxi
taxi rank

les indications
directions *pl*

l'itinéraire
route

le panneau de signalisation
road sign

marcher
to walk

conduire
to drive

revenir
to return

traverser
to cross

tourner
to turn

faire la navette
to commute

faire demi-tour
to do a U-turn

LE SAVIEZ-VOUS ?

Aux feux de signalisation, le feu orange s'allume pour indiquer qu'un changement de feu va se produire, y compris avant que le feu ne passe au vert. Les piétons ne doivent pas traverser quand le feu est orange. N'oubliez pas de regarder à droite avant de traverser !

le billet
ticket

la carte
map

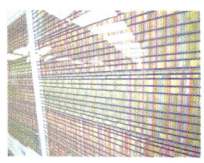

les horaires
timetable

LA VOITURE | CAR

Au Royaume-Uni, les voitures roulent à gauche, et il faut céder le passage aux véhicules venant de la droite. N'oubliez pas d'avoir votre permis de conduire et votre certificat d'assurance sur vous quand vous conduisez.

VOUS POUVEZ DIRE...

C'est la route pour... ?
Is this the road to...?

Je peux me garer ici ?
Can I park here?

Est-ce que le parking est payant ?
Do I have to pay to park?

Je voudrais louer une voiture...
I'd like to hire a car...

... pour 4 jours / une semaine.
... for 4 days/a week.

Quel est votre prix à la journée ?
What is your daily rate?

Quand / Où est-ce que je dois la ramener ?
When/Where must I return it?

Où est la station-service la plus proche ?
Where is the nearest petrol station?

VOUS POUVEZ ENTENDRE...

Vous pouvez / ne pouvez pas vous garer ici.
You can/can't park here.

Vous pouvez vous garer gratuitement ici.
It's free to park here.

Pour vous garer ici, cela coûte...
It costs ... to park here.

La location de voiture est à... par jour / semaine.
Car hire is ... per day/week.

Vos papiers, s'il vous plaît.
May I see your documents, please?

Ramenez la voiture à..., s'il vous plaît.
Please return the car to...

Veuillez rendre la voiture avec le plein d'essence.
Please return the car with a full tank of fuel.

Vous êtes à quelle pompe ?
Which pump are you at?

Combien d'essence voulez-vous ?
How much fuel would you like?

LE SAVIEZ-VOUS ?

Les lois britanniques concernant l'alcool au volant sont strictes. Les sanctions pour les personnes qui conduisent en état d'ivresse incluent des amendes ou un retrait de permis.

VOCABULAIRE

le monospace	**people carrier**
le SUV	**SUV**
le camping-car	**motorhome**
la caravane	**caravan**
le siège passager	**passenger seat**
la place du conducteur	**driver's seat**
le siège arrière	**back seat**
le siège enfant	**child seat**
la galerie	**roof rack**
le toit ouvrant	**sunroof**
le moteur	**engine**
la batterie	**battery**
le frein	**brake**
l'accélérateur	**accelerator**
l'embrayage	**clutch**
la climatisation	**air conditioning**
le régulateur de vitesse	**cruise control**
le pot d'échappement	**exhaust**
le réservoir de carburant	**fuel tank**
la boîte de vitesses	**gearbox**
l'éthylotest	**Breathalyser®**
manuel(le)	**manual**
automatique	**automatic**
électrique	**electric**
hybride	**hybrid**
démarrer	**to start the engine**
freiner	**to brake**
doubler	**to overtake**
garer	**to park**
faire marche arrière	**to reverse**
ralentir	**to slow down**
faire un excès de vitesse	**to speed**
s'arrêter	**to stop**

LE SAVIEZ-VOUS ?

Si vous prévoyez de rester au Royaume-Uni pendant plus de 12 mois et que vous souhaitez conduire pendant cette période, vous devez échanger votre permis de conduire étranger contre un permis britannique.

L'EXTÉRIEUR

le coffre
boot

le toit
roof

la vitre
window

la roue
wheel

la portière
door

l'aile
wing

le pneu
tyre

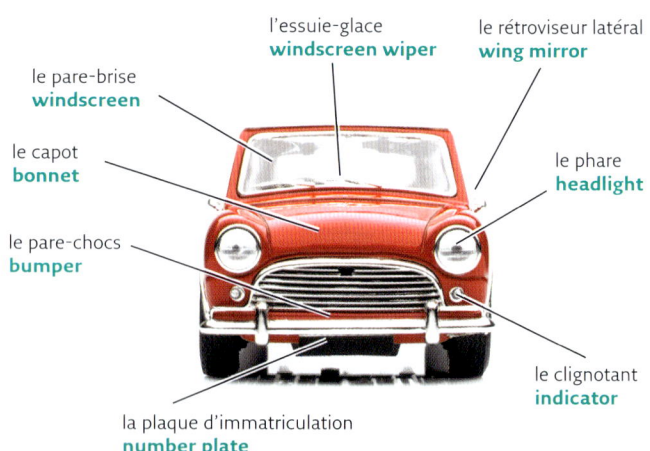

l'essuie-glace
windscreen wiper

le rétroviseur latéral
wing mirror

le pare-brise
windscreen

le capot
bonnet

le pare-chocs
bumper

le phare
headlight

le clignotant
indicator

la plaque d'immatriculation
number plate

L'INTÉRIEUR

l'appuie-tête
headrest

la boîte à gants
glove compartment

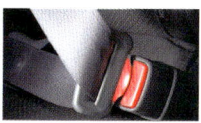

la ceinture de sécurité
seatbelt

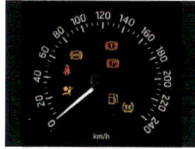

le compteur de vitesse
speedometer

le contact
ignition

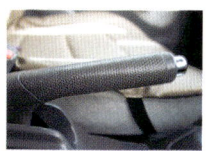

le frein à main
handbrake

le GPS
sat nav

la jauge d'essence
fuel gauge

le levier de vitesse
gearstick

le rétroviseur
rearview mirror

le tableau de bord
dashboard

le volant
steering wheel

LA CONDUITE | DRIVING

Le Royaume-Uni possède un réseau complet d'autoroutes desservant l'Angleterre, l'Écosse, le Pays de Galles et l'Irlande du Nord. Les limitations de vitesse sont indiquées en miles par heure (mph) plutôt qu'en kilomètres par heure (km/h). En général, la vitesse est limitée pour les voitures à 30 mph (48 km/h) dans les agglomérations, à 60 mph (95 km/h) sur les routes à deux voies et à 70 mph (112 km/h) sur les routes à quatre voies et les autoroutes. Des routes et ponts à péage existent dans certaines régions du pays et plusieurs villes, comme Londres, ont mis en place des péages urbains pour les automobilistes souhaitant circuler dans le centre-ville.

VOCABULAIRE

la route à quatre voies
dual carriageway

la route à voie unique
single-track road

le goudron
tarmac®

le coin
corner

la sortie
exit

la bretelle
slip road

la bande d'arrêt d'urgence
hard shoulder

l'aire de repos
layby

l'aire de service
services pl

la limitation de vitesse
speed limit

la déviation
diversion

le permis de conduire
driving licence

le permis probatoire
provisional licence

la carte grise
car registration document

le procès-verbal du contrôle technique
MOT certificate

l'assurance automobile
car insurance

la location de voiture
car hire/rental

l'essence sans plomb
unleaded petrol

le gasoil
diesel

le péage
toll

le péage urbain
congestion charge

les travaux
roadworks pl

le nid-de-poule
pothole

LE SAVIEZ-VOUS ?

La double bande jaune indique une interdiction de stationner dans cette zone à n'importe quel moment de la journée.

l'autoroute
motorway

le bord du trottoir
kerb

le carrefour
junction

le cône de signalisation
traffic cone

le contractuel / la contractuelle
traffic warden

la double bande jaune
double yellow lines *pl*

les feux (de signalisation)
traffic lights *pl*

le parcmètre
parking meter

le parking
car park

le passage à niveau
level crossing

le passage pour piétons
zebra crossing

le péage
toll point

la place de parking
parking space

la place de parking pour handicapé
accessible parking space

la pompe à essence
fuel pump

le pont
bridge

le radar
speed camera

le rond-point
roundabout

la route
road

la station de lavage
car wash

la station-service
petrol station

le trottoir
pavement

le tunnel
tunnel

la voie
lane

LES PANNES DE VOITURE | CAR TROUBLE

Si vous tombez en panne sur l'autoroute, vous pouvez appeler la police ou un service de dépannage en utilisant les bornes d'urgence orange situées environ tous les miles (1,6 km) sur le bord de la route.

VOUS POUVEZ DIRE...

Pouvez-vous m'aider ?
Can you help me?

Je suis tombé(e) en panne.
I've broken down.

J'ai eu un accident.
I've had an accident.

Je suis en panne d'essence.
I've run out of petrol.

J'ai un pneu à plat.
I've got a flat tyre.

J'ai perdu mes clés de voiture.
I've lost my car keys.

La voiture ne démarre pas.
The car won't start.

Il y a un problème avec...
There's a problem with...

Je suis blessé(e).
I've been injured.

Appelez les secours / la police.
Call an ambulance/the police.

Pouvez-vous m'envoyer une dépanneuse ?
Can you send a tow truck?

Est-ce qu'il y a un garage / une station-service près d'ici ?
Is there a garage/petrol station nearby?

Pouvez-vous me remorquer jusqu'à un garage ?
Can you tow me to a garage?

Pouvez-vous m'aider à changer la roue ?
Can you help me change this wheel?

Combien coûtent les réparations ?
How much will a repair cost?

Quand la voiture sera-t-elle réparée ?
When will the car be fixed?

Pouvez-vous me donner le nom de votre assurance ?
May I take your insurance details?

LE SAVIEZ-VOUS ?

Si vous tombez en panne, il est toujours recommandé, par sécurité, de sortir de votre véhicule et de vous en éloigner.

VOUS POUVEZ ENTENDRE...

Vous avez besoin d'aide ?
Do you need any help?

Vous êtes blessé(e) ?
Are you hurt?

Qu'est-ce qui ne va pas avec votre voiture ?
What's wrong with your car?

Où êtes-vous tombé(e) en panne ?
Where have you broken down?

Je peux vous remorquer jusqu'à...
I can tow you to...

Je peux la faire démarrer avec des câbles.
I can give you a jumpstart.

Les réparations vont coûter...
The repairs will cost...

On doit commander de nouvelles pièces.
We need to order new parts.

La voiture sera prête...
The car will be ready by...

J'ai besoin du nom de votre assureur.
I need to take your insurance details.

VOCABULAIRE

l'accident **accident**	le pneu à plat **flat tyre**	avoir un accident **to have an accident**
la panne **breakdown**	les chaînes à neige **snow chains** *pl*	avoir un pneu à plat **to have a flat tyre**
la collision **collision**	le dégivreur **de-icer**	changer une roue **to change a tyre**
le service de dépannage **breakdown services** *pl*	tomber en panne **to break down**	remorquer **to tow**

LE SAVIEZ-VOUS ?

Même si aucune loi britannique ne vous oblige à garder certains équipements de sécurité dans votre voiture, il est vivement recommandé d'avoir avec vous un triangle de signalisation, un gilet de sécurité et des câbles de démarrage. La loi ne vous oblige pas non plus à avoir une roue de secours dans votre véhicule, mais si vous en avez une, assurez-vous qu'elle respecte bien les normes légales.

l'airbag
airbag

l'antigel
antifreeze

la borne d'urgence
emergency phone

les câbles de démarrage
jump leads *pl*

le cric
jack

la dépanneuse
tow truck

le garage
garage

le gilet de sécurité
hi-viz vest

le grattoir à glace
(ice) scraper

le mécanicien /
la mécanicienne
mechanic

la roue de secours
spare wheel

le triangle de signalisation
warning triangle

LE BUS | BUS

Les services de bus urbains sont en général pratiques et bien organisés. Dans les régions rurales, les bus sont moins fréquents.

VOUS POUVEZ DIRE...

Est-ce qu'il y a un bus pour... ?
Is there a bus to...?

Quand part le prochain bus pour... ?
When is the next bus to...?

Quel bus faut-il prendre pour aller au centre-ville ?
Which bus goes to the city centre?

Où est l'arrêt de bus ?
Where is the bus stop?

De quel quai ce car part-il ?
Which stand does the coach leave from?

Où est-ce que je peux acheter des tickets de bus ?
Where can I buy tickets?

Combien ça coûte pour aller à... ?
How much is it to go to...?

Un ticket plein tarif / tarif réduit, s'il vous plaît.
A full/half fare, please.

Un aller simple / aller-retour.
A single/return.

Pouvez-vous me dire quand je dois descendre ?
Could you tell me when to get off?

C'est dans combien d'arrêts ?
How many stops is it?

Je veux descendre au prochain arrêt, s'il vous plaît.
I want to get off at the next stop, please.

VOUS POUVEZ ENTENDRE...

La ligne 17 va à...
The number 17 goes to...

L'arrêt de bus est...
The bus stop is...

Il part du quai 21.
It leaves from stand 21.

Il y a un bus toutes les 10 minutes.
There's a bus every 10 minutes.

Vous pouvez acheter des tickets à l'agence / dans le bus.
You can buy tickets at the office/on the bus.

C'est votre arrêt, monsieur / madame.
This is your stop, sir/madam.

Montant exact obligatoire.
Exact fare only.

VOCABULAIRE

la ligne de bus
bus route

la voie de bus
bus lane

la gare routière
bus station

la carte de bus
bus pass

le prix du ticket
fare

le plein tarif
full fare

le demi-tarif
half fare

le tarif réduit
concession

le ticket à la journée
day ticket

l'accessibilité aux handicapés
wheelchair access

le bus de nuit
night bus

le car de ramassage scolaire
school bus

la navette de l'aéroport
airport bus

le bus touristique
tour bus

prendre le bus
to catch the bus

LE SAVIEZ-VOUS ?

Les bus rouges à impériale de Londres sont connus dans le monde entier. Cette couleur a d'abord été utilisée par la London General Omnibus Company (LGOC) pour sa flotte de véhicules, afin de se démarquer des entreprises concurrentes.

l'Abribus®
bus shelter

l'arrêt de bus
bus stop

le bus
bus

le bus à impériale
double-decker bus

le car
coach

le minibus
minibus

LE VÉLO | BICYCLE

Le nombre de pistes cyclables, de courte ou de longue distance, est en croissance constante au Royaume-Uni. Comme les véhicules à moteur, les cyclistes doivent rouler à gauche. Il est interdit de rouler sur le trottoir sauf s'il a été clairement indiqué comme piste cyclable partagée.

VOUS POUVEZ DIRE...

Où est-ce que je peux louer des vélos ?
Where can I hire a bicycle?

Combien coûte la location de vélo ?
How much is it to hire a bike?

Mon vélo est abîmé.
My bike is damaged.

Le pneu de mon vélo a crevé.
My bike has a puncture.

VOUS POUVEZ ENTENDRE...

La location de vélo coûte... par jour / semaine.
Bike hire is ... per day/week.

Le casque est obligatoire.
You must wear a helmet.

VOCABULAIRE

le cycliste / la cycliste **cyclist**	le porte-vélos **bike rack**	le kit de crevaison **puncture repair kit**
le VTT **mountain bike**	la piste cyclable **cycle lane/path**	faire du vélo **to cycle**
le vélo de route **road bike**	le gilet de sécurité **reflective vest**	faire une promenade à vélo **to go for a bike ride**
le râtelier à vélos **bike stand**	le porte-bébé **child seat**	crever **to get a puncture**

LE SAVIEZ-VOUS ?

Le Tour de Grande-Bretagne, une course cycliste sur route qui parcourt le Royaume-Uni, est organisé tous les ans en septembre.

LES ACCESSOIRES

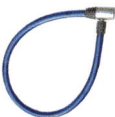

l'antivol
bike lock

le casque
helmet

le phare arrière
rear light

le phare avant
front light

la pompe à vélo
pump

la sonnette
bell

LE VÉLO

- le guidon **handlebars** *pl*
- les vitesses **gears** *pl*
- la barre transversale **crossbar**
- la selle **saddle**
- le cadre **frame**
- le frein **brake**
- la roue **wheel**
- le pneu **tyre**
- la pédale **pedal**
- la chaîne **chain**

LA MOTO | MOTORBIKE

Tous ceux qui souhaitent conduire une mobylette ou une moto au Royaume-Uni doivent posséder un permis probatoire et suivre une formation de base avant de passer leur permis.

VOCABULAIRE

le motard / la motarde
motorcyclist

le réservoir de carburant
fuel tank

la béquille
kickstand

la mobylette
moped

le guidon
handlebars *pl*

le tuyau d'échappement
exhaust pipe

le scooter
scooter

le garde-boue
mudguard

les vêtements de moto
leathers *pl*

LE SAVIEZ-VOUS ?

Le casque, respectant les normes de sécurité britanniques, est obligatoire pour tous les motards.

le blouson en cuir
leather jacket

les bottes
boots *pl*

la caméra pour casque
helmet cam

le casque
helmet

les gants en cuir
leather gloves *pl*

la moto
motorbike

LE TRANSPORT FERROVIAIRE | RAIL TRAVEL

Le Royaume-Uni possède un vaste réseau ferroviaire qui s'étend à travers l'Angleterre, l'Écosse, le Pays de Galles et l'Irlande du Nord. Des trains relient également le pays à l'Europe grâce au tunnel sous la Manche. Londres, Glasgow et Newcastle possèdent un réseau de métro et des tramways circulent dans certaines villes telles que Blackpool et Édimbourg.

VOUS POUVEZ DIRE...

Est-ce qu'il y a un train pour... ?
Is there a train to...?

Quand part le prochain train pour... ?
When is the next train to...?

Où est la station de métro la plus proche ?
Where is the nearest metro station?

De quel quai part-il ?
Which platform does it leave from?

Quelle ligne dois-je prendre pour... ?
Which line do I take for...?

Un billet pour..., s'il vous plaît.
A ticket to ..., please.

Un aller simple / aller-retour pour..., s'il vous plaît.
A single/return ticket to ..., please.

Je voudrais réserver une place, s'il vous plaît.
I'd like to reserve a seat, please.

Est-ce qu'il y a une correspondance ?
Do I have to change?

Où est la correspondance pour... ?
Where do I change for...?

Où est le quai n° 4 ?
Where is platform 4?

C'est bien le train / quai pour... ?
Is this the right train/platform for...?

Est-ce que ce siège est libre ?
Is this seat free?

J'ai raté mon train !
I've missed my train!

LE SAVIEZ-VOUS ?

Votre billet doit être acheté à un guichet ou une borne automatique avant de partir, mais, s'il n'y en a pas de disponible, vous pouvez également l'acheter à bord du train auprès du contrôleur. Les billets de train sont plus chers pendant les heures de pointe (de 7h00 à 9h00 et de 16h00 à 18h30 environ).

VOUS POUVEZ ENTENDRE...

Le prochain train part à...
The next train leaves at...

C'est le bon train / quai.
This is the right train/platform.

Vous voulez un aller simple ou un aller-retour ?
Would you like a single or return ticket?

Vous devez aller sur le quai n° 2.
You have to go to platform 2.

Je suis désolé(e), ce train est complet.
I'm sorry, this journey is fully booked.

Ce siège est / n'est pas libre.
This seat is free/taken.

Vous avez une correspondance à...
You must change at...

Vos billets, s'il vous plaît.
Tickets, please.

Le quai n° 4 est par là.
Platform 4 is down there.

Le prochain arrêt est...
The next stop is...

Descendez ici pour aller à...
Change here for...

VOCABULAIRE

le réseau ferroviaire
rail network

le train à grande vitesse, le TGV
high-speed train

le train de passagers
passenger train

le train de marchandises
freight train

le train-couchettes
sleeper train

la voiture
coach

l'espace calme
quiet coach

la station de métro
metro station

la consigne à bagages
left luggage

l'abonnement de train
railcard

l'heure de pointe
peak time

le billet en heures de pointe / en dehors des heures de pointe
peak/off-peak ticket

l'aller simple
single ticket

l'aller-retour (ouvert)
(open) return ticket

le billet électronique
e-ticket

la première classe
first class

la réservation
seat reservation

avoir une correspondance
to change trains

le chariot de service
refreshments trolley

le chef de train /
la cheffe de train
guard

le contrôleur /
la contrôleuse
conductor

la gare
train station

le guichet
ticket office

le guichet
automatique
ticket machine

la locomotive
locomotive

le métro
metro

le métro léger
light railway

le porte-bagages
luggage rack

les portes coulissantes
sliding doors *pl*

le portillon
ticket barrier

le poste d'aiguillage
signal box

le quai
platform

le tableau des départs
departure board

le train
train

le tramway
tram

la voie
track

la voiture
carriage

la voiture couchettes
sleeper

la voiture-restaurant
restaurant car

LE TRANSPORT AÉRIEN | AIR TRAVEL

Le Royaume-Uni possède de nombreux aéroports mais un certain nombre de compagnies aériennes ne proposent que des lignes saisonnières.

VOUS POUVEZ DIRE...

Je cherche l'enregistrement / ma porte d'embarquement.
I'm looking for check-in/my gate.

J'enregistre une valise.
I'm checking in one case.

De quelle porte part cet avion ?
Which gate does the plane leave from?

À quelle heure commence / se termine l'embarquement ?
When does the gate open/close?

Ce vol est-il à l'heure ?
Is the flight on time?

Je voudrais un siège côté hublot / couloir, s'il vous plaît.
I would like a window/an aisle seat, please.

J'ai perdu mes bagages.
I've lost my luggage.

Mon vol a du retard.
My flight has been delayed.

J'ai raté mon vol / ma correspondance.
I've missed my flight/connection.

Est-ce qu'il y a un service de navette ?
Is there a shuttle bus service?

VOUS POUVEZ ENTENDRE...

L'enregistrement pour le vol... est en cours.
Check-in has opened for flight...

Votre passeport, s'il vous plaît.
May I see your passport, please?

Combien de bagages enregistrez-vous ?
How many bags are you checking in?

Vos bagages dépassent la limite de poids autorisée.
Your luggage exceeds the maximum weight.

Veuillez vous diriger vers la porte...
Please go to gate number...

Votre vol est à l'heure / en retard.
Your flight is on time/delayed.

C'est votre sac ?
Is this your bag?

L'embarquement pour le vol... va commencer.
Flight ... is now ready for boarding.

Dernier appel pour le passager...
Last call for passenger...

VOCABULAIRE

la compagnie aérienne
airline

le terminal
terminal

les arrivées / départs
Arrivals/Departures

les contrôles de sécurité
security

le contrôle des passeports
passport control

la douane
Customs

la porte d'embarquement
gate

le personnel de cabine
cabin crew

le steward / l'hôtesse de l'air
flight attendant

la classe affaires / économique
business/economy class

le couloir
aisle

la tablette
tray table

le compartiment à bagages
overhead locker

la ceinture de sécurité
seatbelt

le gilet de sauvetage
life jacket

le masque à oxygène
oxygen mask

la soute
hold

l'aile
wing

le réacteur
(jet) engine

le fuselage
fuselage

le bagage en soute
hold luggage

le bagage en cabine
cabin baggage

l'excédent de bagages
excess baggage

le bagage à main
hand luggage

le sac fourre-tout
holdall

le décalage horaire
jetlag

s'enregistrer (en ligne)
to check in (online)

l'aéroport
airport

l'avion
aeroplane

la boutique hors taxes
duty-free shop

la cabine
cabin

la carte
d'embarquement
boarding card

le chariot à bagages
luggage trolley

le cockpit
cockpit

les guichets
d'enregistrement
check-in desk

l'hélicoptère
helicopter

le passeport
passport

le pilote / la pilote
pilot

la piste
runway

le tableau des départs
departure board

la valise
suitcase

la zone de retrait des
bagages
baggage reclaim

LE FERRY ET LE BATEAU | FERRY AND BOAT TRAVEL

De nombreuses lignes de ferries relient les ports britanniques à l'Europe. Les ferries rejoignent également les nombreuses îles du littoral de la Grande-Bretagne.

VOUS POUVEZ DIRE…

Quand part le prochain bateau pour… ?
When is the next boat to…?

D'où part ce bateau ?
Where does the boat leave from?

À quelle heure est le dernier bateau pour… ?
What time is the last boat to…?

Combien de temps dure le trajet / la traversée ?
How long is the trip/crossing?

Il y a combien de traversées par jour ?
How many crossings a day are there?

Combien ça coûte pour… passagers ?
How much for … passengers?

Combien ça coûte pour un véhicule ?
How much is it for a vehicle?

J'ai le mal de mer.
I feel seasick.

VOUS POUVEZ ENTENDRE…

Le bateau part de…
The boat leaves from…

Le trajet / La traversée dure…
The trip/crossing lasts…

Il y a… traversées par jour.
There are … crossings a day.

Le ferry a du retard / est annulé.
The ferry is delayed/cancelled.

Les conditions en mer sont bonnes / mauvaises.
Sea conditions are good/bad.

VOCABULAIRE

la traversée en ferry
ferry crossing

la gare maritime
ferry terminal

le pont-garage
car deck

le pont
deck

le hublot
porthole

la cheminée
funnel

la proue
bow

la poupe
stern

le port
port

le port de plaisance
marina

la jetée
pier/jetty

le garde-côte /
la garde-côte
coastguard

le canot de sauvetage
lifeboat

le capitaine /
la capitaine
captain

l'équipage
crew

le piéton / la piétonne
foot passenger

monter à bord
to board

débarquer
to disembark

naviguer
to sail

mettre à quai
to dock

LE SAVIEZ-VOUS ?

Le Royaume-Uni possède plus de 3 000 km de canaux et rivières navigables.

GÉNÉRAL

l'ancre
anchor

la bitte d'amarrage
mooring

la bouée
buoy

la bouée de sauvetage
lifebuoy

le canal
canal

l'écluse
lock

le gilet de sauvetage
lifejacket

la passerelle
gangway

le port
harbour

BATEAUX DIVERS

la barque
rowing boat

le canoë
canoe

le canot pneumatique
inflatable

le ferry
ferry

le kayak
kayak

le paquebot
liner

la péniche
canal boat

le voilier
sailing boat

le yacht
yacht

À LA MAISON | IN THE HOME

Le Royaume-Uni attire de nombreux visiteurs, que ce soit pendant leurs vacances ou pour un séjour plus long. Ceux-ci peuvent s'installer dans un appartement dans le centre-ville, une petite maison confortable, une maison de famille en banlieue ou peut-être même un luxueux manoir.

l'immeuble
block of flats

le toit
roof

le balcon
balcony

la fenêtre
window

L'ESSENTIEL | THE BASICS

Une grande majorité de la population britannique habite en ville ou en banlieue, mais beaucoup aiment sortir des villes pour passer du temps à la campagne, que ce soit pour quelques jours ou quelques semaines.

VOUS POUVEZ DIRE…

J'habite à…
I live in…

Je loge à…
I'm staying at…

Mon adresse est…
My address is…

J'ai un appartement / une maison.
I have a flat/house.

Je suis le propriétaire / locataire.
I'm the homeowner/tenant.

Je viens de déménager.
I've recently moved.

Je déménage à…
I'm moving to…

J'aimerais acheter / louer dans le coin.
I'd like to buy/rent a property here.

VOUS POUVEZ ENTENDRE…

Où habitez-vous ?
Where do you live?

Où est-vous logé ?
Where are you staying?

Vous habitez ici depuis combien de temps ?
How long have you lived here?

Quelle est votre adresse ?
What's your address, please?

Vous êtes le propriétaire / locataire ?
Are you the owner/tenant?

Vous aimez bien ce quartier ?
Do you like this area?

Où déménagez-vous ?
Where are you moving to?

LE SAVIEZ-VOUS ?

Les contrats de location peuvent varier si le logement est meublé (« furnished ») ou non meublé (« unfurnished »). Assurez-vous de bien comprendre vos droits avant de louer pour une longue durée au Royaume-Uni.

VOCABULAIRE

le studio
studio flat

la maison de ville
townhouse

la villa
villa

la petite maison (de campagne)
cottage

le bâtiment
building

l'adresse
address

la banlieue
suburb

le quartier
district

le propriétaire / la propriétaire
owner

le locataire / la locataire
tenant

le voisin / la voisine
neighbour

le prêt immobilier
mortgage

le loyer
rent

le contrat de location
rental agreement

la location de vacances
holiday let

louer (*locataire*)
to rent

louer (*propriétaire*)
to rent out

posséder
to own

déménager
to move house

faire construire une maison
to build a house

LES TYPES DE CONSTRUCTIONS

la ferme
farmhouse

la maison de plain-pied
bungalow

la maison individuelle
detached house

la maison jumelée
semi-detached house

la maison mitoyenne
terraced house

la tour
high-rise block

LA MAISON | THE HOUSE

VOUS POUVEZ DIRE...

Nous rénovons la maison.
We are renovating our house.

Nous refaisons la décoration du salon.
We are redecorating the lounge.

Il y a un problème avec...
There's a problem with...

Ça ne marche pas.
It's not working.

Les canalisations sont bouchées.
The drains are blocked.

La chaudière est en panne.
The boiler has broken.

Il n'y a pas d'eau chaude.
There's no hot water.

Il y a une coupure de courant.
There has been a power cut.

J'ai besoin d'un plombier / d'un électricien.
I need a plumber/an electrician.

Connaissez-vous quelqu'un ?
Can you recommend anyone?

C'est réparable ?
Can it be repaired?

Ça sent le gaz / la fumée.
I can smell gas/smoke.

VOUS POUVEZ ENTENDRE...

Quel est le problème ?
What seems to be the problem?

C'est en panne / Ça fuit depuis combien de temps ?
How long has it been broken/leaking?

Où est le compteur / la boîte à fusibles ?
Where is the meter/fusebox?

Voici le numéro d'un plombier / électricien.
Here's a number for a plumber/an electrician.

VOCABULAIRE

la pièce **room**	le plafond **ceiling**	le balcon **balcony**
la cave **cellar**	le mur **wall**	la porte de derrière **back door**
le grenier **attic**	le sol **floor**	la porte-fenêtre **French windows**

la véranda **conservatory**	l'interrupteur **switch**	le chauffage central **central heating**
le Velux® **skylight**	l'adaptateur **adaptor**	réparer **to fix**
la lucarne **dormer**	l'électricité **electricity**	décorer **to decorate**
la prise (mâle) **plug**	la plomberie **plumbing**	tapisser **to paper**
la prise (femelle) **socket**	la climatisation **air conditioning**	rénover **to renovate**

LE SAVIEZ-VOUS ?

Si vous cherchez un artisan pendant votre séjour au Royaume-Uni, n'hésitez pas à demander des recommandations à vos amis ou vos voisins. Assurez-vous que les artisans aient bien toutes les qualifications et les assurances obligatoires avant de les embaucher.

L'INTÉRIEUR

l'alarme — **security alarm**
l'ampoule — **light bulb**
l'antenne parabolique — **satellite dish**

  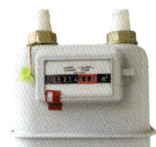

la boîte à fusibles — **fusebox**
la chaudière — **boiler**
le compteur — **meter**

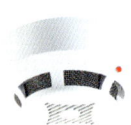  

le détecteur de fumée **smoke alarm**

le poêle à bois **wood-burning stove**

le radiateur **radiator**

le radiateur électrique **heater**

la rallonge **extension cable**

le thermostat **thermostat**

L'EXTÉRIEUR

- la cheminée **chimney**
- l'antenne **aerial**
- la gouttière **gutter**
- le tuyau d'écoulement **drainpipe**
- le toit **roof**
- le pignon **gable**
- la fenêtre **window**
- le garage **garage**
- le portail **gate**
- l'allée **driveway**
- la porte d'entrée **front door**

L'ENTRÉE | THE ENTRANCE

VOUS POUVEZ DIRE / ENTENDRE...

Vous voulez passer à la maison ?
Would you like to come round?

Salut ! Entrez.
Hi! Come in.

Faites comme chez vous.
Make yourself at home.

Est-ce que je dois enlever mes chaussures ?
Shall I take my shoes off?

Où sont vos toilettes ?
Can I use your bathroom?

Merci de m'avoir invité.
Thanks for inviting me over.

VOCABULAIRE

le porche
porch

le paillasson
doormat

la boîte aux lettres
letterbox

la cage d'escalier
stairwell

l'escalier
staircase

le palier
landing

l'ascenseur
lift

le verrou
lock

ouvrir / fermer la porte
to open/close the door

faire entrer quelqu'un (par l'interphone)
to buzz somebody in

s'essuyer les pieds
to wipe one's feet

accrocher sa veste
to hang one's jacket up

LE SAVIEZ-VOUS ?

Si vous êtes invité chez quelqu'un, il est d'usage d'offrir un petit cadeau en arrivant, comme des fleurs ou une bouteille de vin.

la clé
key

l'interphone
intercom

la sonnette
doorbell

LE SALON | THE LOUNGE

VOCABULAIRE

la moquette
carpet

le parquet
floorboards *pl*

l'ensemble de meubles
suite

le canapé-lit
sofa bed

la lampe de table
table lamp

la télévision par satellite
satellite TV

la télévision par câble
cable TV

la télévision à la demande
TV on demand

la box Internet
modem/router

l'assistant vocal
voice assistant

se détendre
to relax

s'asseoir
to sit down

regarder la télévision
to watch TV

écouter la radio
to listen to the radio

GÉNÉRAL

la bibliothèque
bookcase

le buffet
sideboard

le lecteur DVD / Blu-ray®
DVD/Blu-ray® player

le meuble TV
TV stand

la radio
radio

le rideau
curtain

le store vénitien
Venetian blind

la télécommande
remote control

la vitrine
display cabinet

LE SALON

la cheminée **fireplace**
la table basse **coffee table**
le tableau **picture**
l'applique **wall light**
la télévision **TV**
le canapé **sofa**

l'objet décoratif **ornament**
l'étagère **shelves** *pl*
le fauteuil **armchair**
le repose-pied **footstool**
le tapis **rug**
le coussin **cushion**

LA CUISINE | THE KITCHEN

Au Royaume-Uni, la cuisine est considérée comme un espace de restauration et de divertissement en plus d'être un espace de préparation des repas. Une cuisine ouverte incluant une zone de repas est une configuration courante dans les grandes maisons.

VOCABULAIRE

la cuisinière
(electric) cooker

cuisiner
to cook

rôtir
to roast

la gazinière
gas cooker

frire
to fry

cuire au four
to bake

la hotte
cooker hood

faire sauter
to stir-fry

faire la vaisselle
to wash up

le cellier
pantry

faire bouillir
to boil

nettoyer le plan de travail
to clean the worktops

LES USTENSILES DE CUISINE

le batteur
hand mixer

la bouilloire
kettle

la cafetière à piston
cafetière

la casserole
saucepan

la cocotte
casserole dish

le couteau de cuisine
kitchen knife

la cuillère en bois
wooden spoon

l'économe
peeler

le fouet
whisk

le grille-pain
toaster

la louche
ladle

l'ouvre-boîte
tin opener

la passoire
colander

la planche à découper
chopping board

la plaque de cuisson
baking tray

la poêle
frying pan

le presse-purée
masher

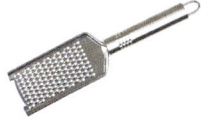
la râpe
grater

le robot ménager
food processor

le rouleau à pâtisserie
rolling pin

le saladier
mixing bowl

la spatule
spatula

le tamis
sieve

la théière
teapot

le tire-bouchon
corkscrew

le verre mesureur
measuring jug

le wok
wok

GÉNÉRAL

l'essuie-tout
kitchen roll

le film alimentaire
clingfilm

la huche à pain
bread bin

le papier aluminium
aluminium foil

la poubelle à pédale
pedal bin

le tablier
apron

LA CUISINE

- l'évier **sink**
- le four **oven**
- la plaque chauffante **hob**
- le micro-ondes **microwave**
- le spot **spotlight**
- le réfrigérateur-congélateur **fridge-freezer**
- le robinet **tap**
- le placard **cupboard**
- l'égouttoir **draining board**
- le tiroir **drawer**
- le plan de travail **worktop**
- le carrelage **tiles** *pl*

LA SALLE À MANGER | THE DINING ROOM

VOCABULAIRE

la table de salle à manger **dining table**	la vaisselle **crockery**	mettre la table **to set the table**
le set de table **place mat**	les couverts **cutlery**	dîner **to eat dinner**
le dessous de verre **coaster**	la verrerie **glassware**	débarrasser la table **to clear the table**

LE SAVIEZ-VOUS ?

Au Royaume-Uni, les bonnes manières imposent d'attendre que tout le monde soit servi avant de manger. Il est également plus poli de ne pas mettre les coudes sur la table en mangeant.

GÉNÉRAL

le moulin à poivre
pepper mill

le plat de service
serving dish

le saladier
salad bowl

la salière
salt cellar

la saucière
gravy boat

la serviette
napkin

LES COUVERTS

le bol
bowl

l'assiette
plate

le couteau et la fourchette
knife and fork

la cuillère
spoon

la cuillère à café
teaspoon

la flûte à champagne
champagne flute

la tasse et la soucoupe
cup and saucer

le verre
tumbler

le verre à pied
wine glass

LA CHAMBRE | THE BEDROOM

VOCABULAIRE

le lit une place
single bed

le lit deux places
double bed

la chambre principale
master bedroom

la chambre d'amis
spare room

la salle de bains attenante
en-suite (bathroom)

la chambre d'enfant
nursery

le linge de lit
bedding

aller se coucher
to go to bed

dormir
to sleep

se réveiller
to wake up

faire son lit
to make the bed

changer les draps
to change the sheets

GÉNÉRAL

le cintre
coat hanger

la coiffeuse
dressing table

la couverture
blanket

le dessus-de-lit
quilt

les draps
sheets *pl*

les lits superposés
bunk beds *pl*

le panier à linge
laundry basket

le réveil
alarm clock

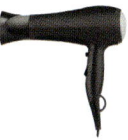
le sèche-cheveux
hairdryer

LA CHAMBRE

la commode
chest of drawers

le rideau
curtains *pl*

le miroir
mirror

le lit
bed

l'armoire
wardrobe

la couette
duvet

la lampe de chevet
bedside lamp

le tapis
rug

l'oreiller
pillow

le matelas
mattress

le tiroir
drawer

la table de chevet
bedside table

LA SALLE DE BAINS | THE BATHROOM

Il est encore courant de trouver des robinets séparés pour l'eau froide et l'eau chaude dans les salles de bains britanniques, plutôt qu'un mitigeur unique.

VOCABULAIRE

le rideau de douche
shower curtain

la canalisation
drain

se laver les mains
to wash one's hands

la lunette des toilettes
toilet seat

se doucher
to shower

se brosser les dents
to brush one's teeth

la chasse d'eau
flush

prendre un bain
to have a bath

aller aux toilettes
to go to the toilet

GÉNÉRAL

la brosse de toilettes
toilet brush

l'éponge
sponge

l'essuie-mains
hand towel

la fleur de douche
shower puff

le gant de toilette
face cloth

le papier toilette
toilet roll

le savon
soap

la serviette de bain
bath towel

le tapis de bain
bath mat

LA SALLE DE BAINS

le lavabo
sink

les toilettes
toilet

le miroir
mirror

la douche
shower

le porte-serviettes
towel rail

le robinet
tap

le meuble de salle de bains
cabinet

le bidet
bidet

la paroi de douche
shower screen

la baignoire
bath

LE JARDIN | THE GARDEN

VOCABULAIRE

la terre **soil**	le parterre de fleurs **flowerbed**	désherber **to weed**
l'herbe **grass**	le compost **compost**	arroser **to water**
la plante **plant**	le gravier **gravel**	faire pousser **to grow**
l'arbre **tree**	le jardin ouvrier **allotment**	planter **to plant**
la mauvaise herbe **weed**	le jardinier / la jardinière **gardener**	tondre la pelouse **to cut the grass/ mow the lawn**

GÉNÉRAL

l'abri de jardin
garden shed

l'arrosoir
watering can

la binette
hoe

les bottes en caoutchouc
Wellington boots *pl*

la brouette
wheelbarrow

le coupe-bordures
Strimmer®

le déplantoir
trowel

le désherbant
weedkiller

la fourche
garden fork

les gants de jardinage
gardening gloves *pl*

la jardinière
windowbox

la pelle
spade

le pot de fleurs
plant pot

le sécateur
pruners *pl*

la serre
greenhouse

la terrasse en bois
decking

la tondeuse à gazon
lawnmower

le tuyau d'arrosage
garden hose

LE JARDIN

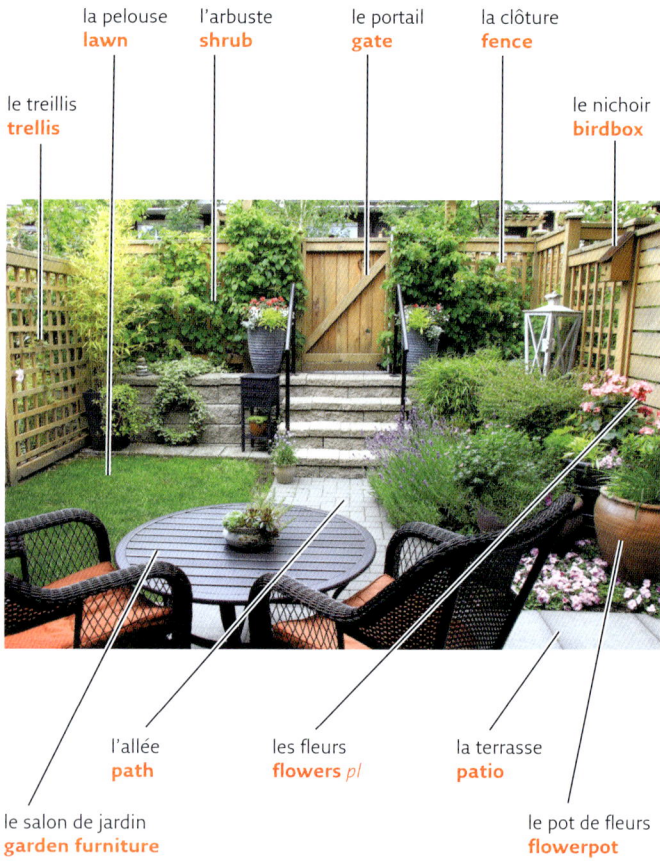

la pelouse **lawn**

l'arbuste **shrub**

le portail **gate**

la clôture **fence**

le treillis **trellis**

le nichoir **birdbox**

l'allée **path**

les fleurs **flowers** *pl*

la terrasse **patio**

le salon de jardin **garden furniture**

le pot de fleurs **flowerpot**

LE MÉNAGE | HOUSEWORK

VOCABULAIRE

la buanderie
utility room

la bassine
basin

l'eau de javel
bleach

la pastille de lave-vaisselle
dishwasher tablet

la lessive
washing powder

le sac poubelle
bin bag

la poubelle de recyclage
recycling bin

la corbeille à papier
wastepaper basket

le liquide vaisselle
washing-up liquid

balayer
to sweep the floor

faire la lessive
to do the laundry

passer l'aspirateur
to hoover

ranger
to tidy up

nettoyer
to clean

sortir les poubelles
to take out the bin

LE SAVIEZ-VOUS ?

La plupart des Britanniques essayent de recycler leurs déchets ménagers, comme le papier, le verre, le plastique ou les déchets alimentaires. De nombreux conseils municipaux mettent à disposition des poubelles de couleurs différentes pour les différents types de déchets.

l'aspirateur
vacuum cleaner

le balai
brush

le chiffon
cloth

la corde à linge
washing line

l'étendoir
clothes horse

le fer à repasser
iron

les gants en caoutchouc
rubber gloves *pl*

le lave-vaisselle
dishwasher

la machine à laver
washing machine

la pelle
dustpan

les pinces à linge
clothes pegs *pl*

la planche à repasser
ironing board

la poubelle
dustbin

le seau
bucket

le sèche-linge
tumble drier

la serpillière
mop

le tampon à récurer
scourer

le torchon (à vaisselle)
tea towel

AUX MAGASINS | AT THE SHOPS

En matière de shopping, on trouve de tout au Royaume-Uni : des rues commerçantes locales regorgeant de boutiques indépendantes aux marchés offrant toutes sortes de produits frais, en passant par les centres commerciaux bondés proposant de nombreuses grandes marques.

le panier
basket

la banane
banana

le pain
bread

l'huile végétale
vegetable oil

L'ESSENTIEL | THE BASICS

La plupart des magasins britanniques sont ouverts 7 jours sur 7, avec généralement des horaires réduits le week-end, en particulier le dimanche. Les supérettes et les supermarchés ouverts 24 heures sur 24 ne sont pas difficiles à trouver dans les grandes villes.

VOUS POUVEZ DIRE...

Où est le / la... ?
Where is the...?

Où se trouve le / la... le / la plus proche ?
Where is the nearest...?

Où est-ce qu'on peut acheter... ?
Where can I buy...?

À quelle heure vous ouvrez / fermez ?
What time do you open/close?

Je ne fais que regarder, merci.
I'm just looking, thanks.

Est-ce que vous avez... ?
Do you sell...?

Je vais prendre...
May I have...?

Est-ce que je peux payer en espèces / par carte ?
Can I pay by cash/card?

Est-ce que je peux payer avec mon smartphone ?
Can I pay with my mobile app?

Combien ça coûte ?
How much does this cost?

Combien coûte la livraison ?
How much is delivery?

J'ai besoin de...
I need...

Je voudrais...
I would like...

C'est possible d'échanger cet article ?
Can I exchange this?

Est-ce que je peux me faire rembourser ?
Can I get a refund?

Ça sera tout, merci.
That's all, thank you.

LE SAVIEZ-VOUS ?

Les sacs en plastique à usage unique sont disponibles dans la plupart des magasins pour quelques centimes. Cependant, leur utilisation n'est pas encouragée et de nombreux points de vente proposent des sacs en papier ou des sacs réutilisables.

VOUS POUVEZ ENTENDRE...

Est-ce qu'on s'occupe de vous ?
Are you being served?

Je peux vous aider ?
Can I help you?

Et avec ceci ?
Would you like anything else?

Ça fait...
It costs...

Je suis désolé(e), nous n'avons pas de...
I'm sorry, we don't have...

Je peux vous le commander.
I can order that for you.

Comment voulez-vous payer ?
How would you like to pay?

Vous pouvez composer votre code.
Can you enter your PIN?

Est-ce que vous voulez le ticket de caisse ?
Would you like a receipt?

Nous ne faisons pas de remboursement / d'échange.
We don't offer refunds/ exchanges.

Est-ce que vous avez le ticket de caisse ?
Have you got a receipt?

Bonne journée !
Have a good day!

VOCABULAIRE

le magasin
shop

le supermarché
supermarket

le centre commercial
shopping centre / retail park

le commerce de proximité
corner shop

le magasin de centre-ville
high-street shop

le marché
market

le vendeur / la vendeuse
shop assistant

le client / la cliente
customer

les espèces
cash

la monnaie
change

le code confidentiel
PIN

l'échange
exchange

le remboursement
refund

le bon d'achat
voucher

le chèque cadeau
gift voucher

les courses
groceries *pl*

acheter
to buy

commander
to order

sans contact
contactless

payer
to pay

faire les courses
to go shopping

regarder (dans les magasins)
to browse

faire du shopping (en ligne)
to shop (online)

la caisse
till (point)

la carte de paiement / de crédit
debit/credit card

le chariot
trolley

le lecteur de carte
card reader

le panier
basket

le sac en papier
paper bag

le sac plastique
plastic bag

le sac réutilisable
reusable shopping bag

le ticket de caisse
receipt

LE SUPERMARCHÉ | SUPERMARKET

Faire ses courses sur Internet est de plus en plus populaire au Royaume-Uni. La vente en ligne et des services de livraison sont proposés par la plupart des supermarchés mais leur disponibilité peut varier selon les régions.

VOUS POUVEZ DIRE...

Où se trouve... ?
Where can I find...?

Je cherche...
I'm looking for...

Est-ce que vous avez... ?
Do you have...?

Est-ce que je peux avoir un sac plastique ?
Can you give me a plastic bag?

Où se trouve le rayon de... ?
Where can I find the section for...?

VOUS POUVEZ ENTENDRE...

Nous avons / n'avons pas...
We have/don't have...

C'est dans l'allée 1 / 2 / 3.
It's in aisle 1/2/3.

Vous avez besoin d'aide pour porter vos sacs ?
Can I help you with your bags?

Les sacs de courses sont payants.
There is a charge for carrier bags.

Est-ce que vous avez une carte de fidélité ?
Do you have a loyalty card?

VOCABULAIRE

l'allée
aisle

la carte de fidélité
loyalty card

l'épicerie fine
delicatessen

le plat préparé
ready meal

la bouteille
bottle

la boîte
box

la brique
carton

le bocal
jar

le paquet
packet

la boîte de conserve
tin

en boîte
tinned

frais / fraîche
fresh

surgelé(e)
frozen

faible en matières grasses
low-fat

basses calories
low-calorie

LES COURSES

le café instantané
instant coffee

les céréales
breakfast cereal

la confiture
jam

le couscous
couscous

les épices
spices *pl*

la farine
flour

les fines herbes
herbs *pl*

l'huile d'olive
olive oil

l'huile végétale
vegetable oil

le ketchup
ketchup

la marmelade
marmalade

la mayonnaise
mayonnaise

le miel
honey

la moutarde
mustard

les nouilles
noodles *pl*

les pâtes
pasta

le poivre
pepper

le riz
rice

les sachets de thé
teabags *pl*

la sauce en bocal
cooking sauce

le sel
salt

le sucre
sugar

le sucre glace
icing sugar

le vinaigre
vinegar

LES EN-CAS

les biscuits
biscuits *pl*

les bonbons
sweets *pl*

les chips
crisps *pl*

le chocolat
chocolate

les fruits à coque
nuts *pl*

le pop-corn
popcorn

LES BOISSONS

la bière
beer

la boisson gazeuse
fizzy drink

l'eau minérale
mineral water

le jus de fruit
fruit juice

les spiritueux
spirits *pl*

le vin
wine

LE MARCHÉ | MARKET

Les marchés sont présents dans les villes et villages de tout le Royaume-Uni. On trouve généralement des informations sur ces marchés sur Internet ou à l'office de tourisme local. Des marchés fermiers s'installent également dans de nombreux villages quelques jours par mois et des vide-greniers sont souvent organisés le week-end.

VOUS POUVEZ DIRE...

Quel est le jour du marché ?
When is market day?

Combien je vous dois ?
What do I owe you?

VOUS POUVEZ ENTENDRE...

Le marché a lieu le mardi.
The market is on a Tuesday.

Voici votre monnaie.
Here's your change.

VOCABULAIRE

le marché aux puces **flea market**	l'étal **stall**	bio **organic**
le marché couvert **indoor market**	les produits **produce**	de saison **seasonal**
le marché fermier **farmers' market**	local(e) **local**	fait maison **home-made**

LE SAVIEZ-VOUS ?

Le marchandage n'est pas une pratique courante sur les marchés de fruits et légumes. Mais c'est une autre histoire dans les vide-greniers !

le marchand /
la marchande
market trader

le marché
marketplace

le vide-grenier
car-boot sale

LES FRUITS ET LÉGUMES | FRUIT AND VEGETABLES

VOUS POUVEZ DIRE...

Je voudrais une livre / un kilo de...
I'd like a pound/kilo of...

Est-ce qu'ils sont mûrs / frais ?
Are they ripe/fresh?

VOUS POUVEZ ENTENDRE...

Qu'est-ce que vous désirez ?
What would you like?

Ils sont tout frais.
They are very fresh.

VOCABULAIRE

l'épicerie **grocer's**	la graine **seed**	pourri(e) **rotten**
le jus **juice**	le quartier (d'orange) **segment**	mûr(e) **ripe**
la feuille **leaf**	la peau **skin**	pas mûr(e) **unripe**
la pelure **peel**	le noyau **stone**	sans pépins **seedless**
le pépin **pip**	cru(e) **raw**	presser **to juice**
le zeste **rind**	frais / fraîche **fresh**	éplucher **to peel**

LES FRUITS

l'abricot
apricot

l'ananas
pineapple

l'avocat
avocado

la banane
banana

le cassis
blackcurrant

la cerise
cherry

le citron
lemon

le citron vert
lime

la fraise
strawberry

la framboise
raspberry

la groseille à maquereau
gooseberry

la groseille rouge
redcurrant

le kiwi
kiwi fruit

la mangue
mango

le melon
melon

la mûre
blackberry

la myrtille
blueberry

la nectarine
nectarine

l'orange
orange

le pamplemousse
grapefruit

la pastèque
watermelon

la pêche
peach

la poire
pear

la pomme
apple

la prune
plum

le raisin
grapes *pl*

la rhubarbe
rhubarb

LES LÉGUMES

l'ail
garlic

les asperges
asparagus

l'aubergine
aubergine

le brocoli
broccoli

la carotte
carrot

le céleri en branches
celery

le champignon
mushroom

le chou de Bruxelles
Brussels sprout

le chou-fleur
cauliflower

le chou vert
cabbage

le concombre
cucumber

la courgette
courgette

les épinards
spinach

les haricots verts
green beans *pl*

la laitue
lettuce

le maïs
sweetcorn

le navet
turnip

l'oignon
onion

les petits pois
peas *pl*

le piment
chilli

le poireau
leek

le poivron rouge
red pepper

la pomme de terre
potato

la tomate
tomato

LA POISSONNERIE | FISHMONGER'S

N'hésitez pas à demander au poissonnier quels produits sont frais, surgelés ou de saison et s'ils ont été pêchés localement.

VOUS POUVEZ DIRE…

Est-ce que vous pouvez le découper en filets, s'il vous plaît ?
Could you fillet this, please?

Est-ce que vous pouvez enlever les arêtes ?
Can you remove the bones?

VOUS POUVEZ ENTENDRE…

Ce poisson a été pêché ce matin.
The fish was caught this morning.

Vous voulez qu'on vous lève les filets ?
Would you like to have this filleted?

VOCABULAIRE

le poissonnier / la poissonnière
fishmonger

l'arête
(fish)bone

le filet
fillet

les écailles
scales *pl*

les crustacés
shellfish

la coquille
shell

d'eau douce
freshwater

d'eau de mer
saltwater

d'élevage
farmed

sauvage
wild

fumé(e)
smoked

sans arêtes
deboned

LES POISSONS

l'aiglefin
haddock

l'anchois
anchovy

le bar
sea bass

le cabillaud
cod

le carrelet
plaice

le hareng
herring

le lieu noir
pollock

la limande-sole
lemon sole

la lotte
monkfish

le maquereau
mackerel

la sardine
sardine

le saumon
salmon

le thon
tuna

la truite
trout

le turbot
turbot

LES FRUITS DE MER

le calamar
squid

le crabe
crab

la crevette grise
shrimp

la crevette rose
prawn

la coquille Saint-Jacques
scallop

l'écrevisse
crayfish

l'huître
oyster

le homard
lobster

la moule
mussel

LA BOUCHERIE | BUTCHER'S

Les bouchers britanniques pourront vous recommander les meilleurs morceaux pour vos recettes ainsi que les spécialités qu'ils vendent.

VOUS POUVEZ DIRE...

Un kilo de...
A kilo of...

Une tranche de..., s'il vous plaît.
A slice of ..., please.

Est-ce que vous pouvez me le découper en tranches, s'il vous plaît ?
Can you slice this for me, please?

Quel est le meilleur morceau pour... ?
What is the best cut for...?

VOUS POUVEZ ENTENDRE...

Bien sûr, monsieur / madame.
Certainly, sir/madam.

Quelle quantité vous voulez ?
How much would you like?

Vous en voulez combien ?
How many would you like?

Je vous conseille...
I'd recommend...

VOCABULAIRE

le boucher / la bouchère **butcher**	le porc **pork**	le canard **duck**
la viande **meat**	l'agneau **lamb**	la dinde **turkey**
la viande rouge **red meat**	le gibier **game**	les abats **offal**
la viande blanche **white meat**	la venaison **venison**	le foie **liver**
le morceau (de viande) **cut (of meat)**	le veau **veal**	cuit(e) **cooked**
le pâté **pâté**	la volaille **poultry**	cru(e) **raw**
le bœuf **beef**	le poulet **chicken**	élevé(e) en plein air **free-range**

le blanc de poulet
chicken breast

les côtes
ribs *pl*

la côtelette
chop

le filet
fillet

le jambon
ham

le lard
bacon

le rôti
joint

la saucisse
sausage

le saucisson
(cured) sausage

le steak
steak

le steak haché
burger

la viande hachée
mince

LA BOULANGERIE | BAKERY

De nombreuses boulangeries britanniques vendent des pâtisseries et des sandwichs ainsi que du pain et des petits pains frais, ce qui en fait un lieu idéal pour prendre un déjeuner rapide.

VOUS POUVEZ DIRE...

Est-ce que vous avez... ?
Do you sell...?

Je vais prendre...
Could I have...?

À combien sont les... ?
How much are...?

VOUS POUVEZ ENTENDRE...

On s'occupe de vous ?
Are you being served?

Et avec ceci ?
Would you like anything else?

Ça fait...
It costs...

VOCABULAIRE

le boulanger / la boulangère
baker

le pain
bread

un pain
loaf

la pâtisserie
pastry

le sandwich
sandwich

le chausson
pasty

le pain tranché
sliced bread

le pain blanc / complet
white/wholemeal bread

la tranche
slice

la croûte
crust

sans gluten
gluten-free

cuire au four
to bake

LE SUCRÉ

le beignet
doughnut

le cookie
cookie

le cupcake
cupcake

l'éclair
éclair

le muffin
muffin

le pancake
pancake

le petit pain aux fruits secs
(fruit) bun

le scone
scone

la viennoiserie danoise
Danish pastry

LE SALÉ

la baguette
baguette

le croissant
croissant

le friand à la saucisse
sausage roll

la petite crêpe épaisse
crumpet

le petit pain
(bread) roll

la tourte à la viande
meat pie

LES PRODUITS FRAIS ET LAITIERS
FRESH AND DAIRY PRODUCTS

Les produits laitiers frais sont faciles à trouver dans la plupart des magasins. Les supermarchés proposent également du lait UHT ainsi que des produits sans lait.

VOCABULAIRE

le fromage
cheese

le bleu
blue cheese

le lait écrémé / demi-écrémé
skimmed/semi-skimmed milk

le lait UHT
UHT milk

le lait de soja
soymilk

le lait d'amande
almond milk

la crème fraîche liquide / épaisse
single/double cream

la crème aigre
sour cream

élevé(e) en plein air
free-range

pasteurisé(e)
pasteurized

non pasteurisé(e)
unpasteurized

sans produits laitiers
dairy-free

GÉNÉRAL

le beurre
butter

la crème
cream

le lait
milk

la margarine
margarine

l'œuf
egg

le yaourt
yoghurt

LE FROMAGE

le brie
brie

le cheddar
cheddar

l'édam
Edam

la feta
feta

le fromage blanc
cottage cheese

le fromage de chèvre
goat's cheese

le fromage frais à tartiner
cream cheese

la mozzarella
mozzarella

le parmesan
parmesan

le red leicester
Red Leicester

le Stilton®
Stilton®

le wensleydale
Wensleydale

LA PHARMACIE | PHARMACY

Les pharmacies britanniques peuvent être aussi bien de petites enseignes indépendantes que de grandes chaînes connues.

VOUS POUVEZ DIRE...

Est-ce que vous avez quelque chose pour... ?
I need something for...

Je suis allergique à...
I'm allergic to...

Je viens chercher mes médicaments.
I'm collecting a prescription.

Qu'est-ce que vous me conseillez ?
What would you recommend?

Est-ce que ça convient aux enfants en bas âge ?
Is this suitable for young children?

VOUS POUVEZ ENTENDRE...

Vous avez une ordonnance ?
Do you have a prescription?

Ce médicament n'est vendu que sur ordonnance.
This medicine is only available on prescription.

Vous avez des allergies ?
Do you have any allergies?

Vous devriez voir un médecin.
You should see a doctor.

Je vous conseille...
I'd recommend...

LE SAVIEZ-VOUS ?

Les antibiotiques en pharmacie ne sont disponibles que sur ordonnance. En Écosse, au Pays de Galles et en Irlande du Nord, vous n'aurez rien à débourser en présentant votre ordonnance mais il faut généralement payer une certaine somme en Angleterre. Il existe quelques exceptions, il vaut donc mieux vérifier à l'avance.

VOCABULAIRE

le pharmacien / la pharmacienne
pharmacist

l'ordonnance
prescription

l'antihistaminique
antihistamine

le décongestif
decongestant

l'analgésique
painkiller

l'antibiotique
antibiotic

le préservatif
condom

le rhume
cold

la diarrhée
diarrhoea

le rhume des foins
hay fever

le mal de ventre / tête
stomach ache / headache

le mal de gorge
sore throat

GÉNÉRAL

le bandage
bandage

le comprimé
tablet/pill

la crème antiseptique
antiseptic cream

la crème solaire
suntan lotion

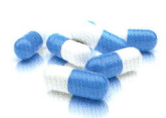

la gélule
capsule

les gouttes
drops *pl*

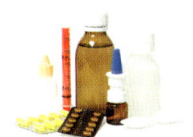

les médicaments
medicine

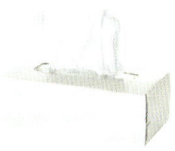

les mouchoirs
tissues *pl*

le pansement adhésif
plaster

la pastille
lozenge

le répulsif à insectes
insect repellent

le sirop contre la toux
cough mixture

LES PRODUITS D'HYGIÈNE

l'après-shampoing
conditioner

le bain de bouche
mouthwash

la brosse à dents
toothbrush

le dentifrice
toothpaste

le déodorant
deodorant

le gel douche
shower gel

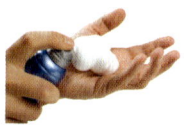
la mousse à raser
shaving foam

le rasoir
razor

le savon liquide
handwash

la serviette hygiénique
sanitary towel

le shampoing
shampoo

le tampon
tampon

LES PRODUITS DE BEAUTÉ

le baume à lèvres
lip balm

le blush
blusher

la brosse à cheveux
hairbrush

la crème hydratante
moisturizer

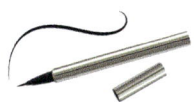

l'eye-liner
eyeliner

le fard à paupières
eyeshadow

le fond de teint
foundation

le mascara
mascara

le peigne
comb

la poudre
powder

le rouge à lèvres
lipstick

le vernis à ongles
nail varnish

LES PRODUITS POUR BÉBÉ | BABY GOODS

Si vous souhaitez vous rendre au Royaume-Uni avec votre bébé, il est possible de louer l'équipement nécessaire auprès d'une entreprise spécialisée.

VOCABULAIRE

les coliques
colic

le stérilisateur
sterilizer

la couche jetable / lavable
disposable/reusable nappy

le sac à couches sales
nappy sack

l'érythème fessier
nappy rash

le gel de dentition
teething gel

l'anneau de dentition
teething ring

faire ses dents
to be teething

allaiter
to breast-feed

LES VÊTEMENTS

le bavoir
bib

le body
vest

les chaussons de bébé
bootees *pl*

la combi-pilote
snowsuit

la grenouillère
babygro®/sleepsuit

les moufles
mittens *pl*

LA SANTÉ ET L'HYGIÈNE

le biberon
baby's bottle

le boudoir
rusk

la crème hydratante pour bébé
baby lotion

la crème pour le change
nappy cream

le coton
cotton wool

le coton-tige®
cotton bud

la couche
nappy

le lait maternisé
formula milk

les lingettes humides
wet wipes *pl*

la nourriture pour bébé
baby food

le sac à langer
changing bag

le talc
talcum powder

LES ACCESSOIRES

la baignoire pour bébé
baby bath

la chaise haute
highchair

le couffin
Moses basket

l'écharpe porte-bébé
baby sling

le landau
pram

le lit-parapluie
travel cot

le lit pour bébé
cot

le mobile
mobile

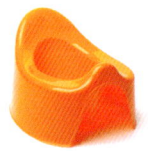

le pot
potty

la poussette
pushchair

le siège bébé
baby seat

la tétine
dummy

LE MARCHAND DE JOURNAUX | NEWSAGENT

En plus des journaux et des magazines, les marchands de journaux britanniques vendent des timbres, des billets de loterie et des cartes à gratter, ainsi que toute une gamme de fournitures de bureau.

VOCABULAIRE

le kiosque
kiosk

le buraliste /
la buraliste
tobacconist

le vendeur /
la vendeuse
vendor

le journal de qualité
broadsheet

le journal à scandale
tabloid

le carnet de timbres
book of stamps

les fournitures de bureau
stationery

quotidien(ne)
daily

hebdomadaire
weekly

GÉNÉRAL

la bande dessinée
comic book

le billet de loterie
lottery ticket

le cahier
notebook

la carte
map

la carte à gratter
scratch card

la carte de vœux
greetings card

la carte postale
postcard

le cigare
cigar

la cigarette
cigarette

la cigarette électronique
e-cigarette

la confiserie
confectionery

le crayon à papier
pencil

l'enveloppe
envelope

le journal
newspaper

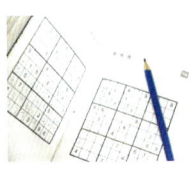
le livre de jeux
puzzle book

le magazine
magazine

le stylo
pen

le timbre
stamp

LE GRAND MAGASIN | DEPARTMENT STORE

Les grands magasins sont une institution du shopping au Royaume-Uni et Londres abrite sans doute le plus célèbre d'entre eux : Harrods. De nombreuses boutiques haut de gamme proposent des services d'accompagnement pendant votre shopping.

VOUS POUVEZ DIRE...

Où se trouvent les vêtements pour hommes ?
Where is the menswear department?

On est à quel étage ?
Which floor is this?

Est-ce que vous pouvez faire un paquet cadeau ?
Can you gift-wrap this, please?

Est-ce qu'il y a des toilettes dans le magasin ?
Are there any toilets in the store?

VOUS POUVEZ ENTENDRE...

Les vêtements pour hommes sont au deuxième étage.
Menswear is on the second floor.

Nous sommes au premier étage.
This is the first floor.

Est-ce que vous voulez un paquet cadeau ?
Would you like this gift-wrapped?

L'ascenseur est là-bas.
The lift is over there.

VOCABULAIRE

la marque
brand

le comptoir
counter

le rayon
department

l'étage
floor

l'escalator
escalator

l'ascenseur
lift

les toilettes
toilets *pl*

les soldes
sale

les vêtements pour femmes
womenswear

les vêtements pour hommes
menswear

les vêtements de sport
sportswear

les maillots de bain
swimwear

les accessoires de mode
accessories *pl*

l'alimentation
food and drink

les chaussures
footwear

l'éclairage
lighting

l'électroménager
electrical goods *pl*

les jouets
toys *pl*

la lingerie
lingerie

les meubles
furniture

la mode
fashion

les produits de beauté
cosmetics *pl*

les tissus d'ameublement
soft furnishings *pl*

les ustensiles de cuisine
kitchenware

LES VÊTEMENTS ET LES CHAUSSURES
CLOTHING AND FOOTWEAR

Le Royaume-Uni est connu pour son sens de la mode et ses rues commerçantes continentent à la fois de grandes enseignes internationales, des boutiques indépendantes et de célèbres maisons de couture. Les magasins de mode en ligne sont également en plein essor depuis quelques années.

VOUS POUVEZ DIRE...

Je ne fais que regarder, merci.
I'm just looking, thank you.

Je voudrais l'essayer, s'il vous plaît.
I'd like to try this on, please.

Où sont les cabines d'essayage ?
Where are the fitting rooms?

Je fais du...
I'm a size...

Vous avez la taille au-dessus / au-dessous ?
Have you got a bigger/smaller size?

C'est trop petit / grand.
This is too small/big.

C'est trop serré / court / long.
This is too tight/short/long.

C'est déchiré.
This is torn.

VOUS POUVEZ ENTENDRE...

Je peux vous aider ?
Can I help you?

Faites-moi signe si vous avez besoin d'aide.
Let me know if I can help.

Les cabines d'essayage sont là-bas.
The fitting rooms are over there.

Quelle taille faites-vous ?
What size are you?

Nous sommes en rupture de stock.
It's out of stock.

Je suis désolé(e), nous n'avons pas cette taille / couleur.
I'm sorry, we don't have that size/colour.

Je peux vous apporter une autre taille.
I can get you another size.

Ça vous va bien.
That suits you.

LE SAVIEZ-VOUS ?

Les tailles et les pointures sont différentes au Royaume-Uni. Par exemple, la pointure 5 UK (« United Kingdom », ou « Royaume-Uni ») correspond à la pointure 38 EU.

VOCABULAIRE

les vêtements
clothes *pl*

les chaussures
shoes *pl*

la taille / la pointure
size

la cabine d'essayage
fitting room

les bijoux
jewellery

le parapluie
umbrella

les sous-vêtements
underwear

le cuir
leather

la petite taille
petite

la laine
wool

la soie
silk

la grande taille
plus-size

le jean
denim

le Lycra®
Lycra®

essayer
to try on

le coton
cotton

synthétique
synthetic

bien aller
to fit/to suit

LES VÊTEMENTS

le caleçon
boxer shorts *pl*

les chaussettes
socks *pl*

la chemise
shirt

le chemisier
blouse

les collants
tights *pl*

le costume (trois-pièces)
(three-piece) suit

la cravate
tie

la culotte
pants *pl*

le gilet
cardigan

l'imperméable
waterproof jacket

le jean
jeans *pl*

la jupe
skirt

le legging
leggings *pl*

le (maillot) deux-pièces
bikini

le maillot une-pièce
swimsuit

le manteau
coat

le pantalon
trousers *pl*

le pantalon de survêtement
jogging bottoms *pl*

le pull
jumper

le pyjama
pyjamas *pl*

la robe
dress

la robe de chambre
dressing gown

le short
shorts *pl*

le soutien-gorge
bra

le sweat-shirt
sweatshirt

le t-shirt
T-shirt

la veste
jacket

LES ACCESSOIRES

le bonnet
woolly hat

les boucles d'oreille
earrings *pl*

le bracelet
bracelet

la casquette
baseball cap

la ceinture
belt

le collier
necklace

l'écharpe
scarf

les gants
gloves *pl*

la montre
watch

le portefeuille
wallet

le porte-monnaie
purse

le sac à main
handbag

LES CHAUSSURES

les baskets
trainers *pl*

les bottes
boots *pl*

les chaussons
slippers *pl*

les chaussures à lacets
lace-up shoes *pl*

les sandales
sandals *pl*

les talons hauts
high heels *pl*

LE MAGASIN DE BRICOLAGE | DIY STORE

Des petites boutiques aux artisans, en passant par les grandes chaînes, il existe beaucoup d'endroits où l'on peut acheter son matériel de bricolage.

VOCABULAIRE

le bricolage
DIY

la boîte à outils
toolbox

la décoration
decorating

la quincaillerie
hardware shop

l'électricité
electricity

la plomberie
plumbing

l'outil
tool

la menuiserie
joinery

faire du bricolage
to do DIY

l'outil électrique
power tool

la peinture
painting

décorer
to decorate

le burin
chisel

les carreaux
tiles *pl*

la clé à molette
wrench

la clé plate
spanner

les clous
nails *pl*

les écrous et les boulons
nuts and bolts *pl*

l'escabeau
stepladder

le marteau
hammer

le niveau à bulle
spirit level

le papier peint
wallpaper

la peinture
paint

la perceuse électrique
electric drill

la pince
pliers *pl*

le pinceau
paintbrush

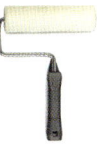
le rouleau à peinture
paint roller

la scie
saw

le tournevis
screwdriver

les vis
screws *pl*

LA JARDINERIE | GARDEN CENTRE

Un tour à la jardinerie locale est une activité très appréciée le week-end. Après avoir choisi leurs plantes et jeté un coup d'œil aux équipements et aux meubles de jardin, de nombreux clients vont se détendre au café en y prenant un thé accompagné de pâtisseries. Beaucoup de jardineries vendent aussi des vêtements et des cadeaux.

GÉNÉRAL

le compost
compost

les graines
seeds *pl*

la jardinerie
garden centre

la jardinière
planter

le panier suspendu
hanging basket

le parasol
parasol

la plante à repiquer
bedding plant

le salon de jardin
garden furniture

le thé de l'après-midi
afternoon tea

LES AUTRES MAGASINS | OTHER SHOPS

l'agence de voyages
travel agent's

l'agence immobilière
estate agency

l'animalerie
pet shop

le barbier
barber's

la bijouterie
jeweller's

la boutique de mode
boutique

le bureau de paris
bookmaker's

le caviste
off-licence

la concession automobile
car showroom

le fleuriste
florist's

l'institut de beauté
beauty salon

la librairie
bookshop

le magasin caritatif
charity shop

le magasin d'ameublement
furniture store

le magasin d'antiquités
antique shop

le magasin de chaussures
shoe shop

le magasin de disques
record shop

le magasin d'électroménager
electrical retailer

le magasin de jouets
toyshop

le magasin de produits diététiques
health food shop

le magasin de téléphonie
phone shop

le magasin discount
discount store

l'opticien
optician's

le salon de coiffure
hairdresser's

LE QUOTIDIEN | DAY-TO-DAY

Réunions d'affaires, repas entre amis ou cours à l'université... peu importe à quoi ressemblera votre quotidien pendant votre séjour au Royaume-Uni, vous allez avoir besoin du vocabulaire essentiel pour pouvoir faire vos courses, préparer vos sorties et occuper vos journées.

le thé au lait
tea with milk

l'anse
handle

la tasse
cup

la soucoupe
saucer

L'ESSENTIEL | THE BASICS

Voici quelques phrases et mots utiles pour décrire votre quotidien et planifier vos sorties.

VOUS POUVEZ DIRE…

Où allez-vous ?
Where are you going?

À quelle heure vous finissez ?
What time do you finish?

Qu'est-ce que vous faites aujourd'hui / ce soir ?
What are you doing today/tonight?

Vous êtes libre vendredi ?
Are you free on Friday?

Vous voulez qu'on se voie ?
Would you like to meet up?

Quand / Où est-ce qu'on se retrouve ?
When/Where would you like to meet?

VOUS POUVEZ ENTENDRE…

Je suis au travail / à la fac.
I'm at work/uni.

J'ai un jour de congé.
I have a day off.

J'ai un rendez-vous.
I've got an appointment.

Je vais à…
I'm going to…

Je prévois de…
I'm planning to…

Je vais revenir vers…
I'll be back by…

Je vous retrouve à…
I'll meet you at…

Je ne peux pas vous voir à ce moment-là, désolé.
I can't meet up then, sorry.

VOCABULAIRE

se réveiller
to wake up

s'habiller
to get dressed

arriver
to arrive

partir
to leave

étudier
to study

travailler
to work

retrouver des amis
to meet friends

rentrer chez soi
to go home

aller se coucher
to go to bed

LE PETIT-DÉJEUNER | BREAKFAST

Au Royaume-Uni, le petit-déjeuner est souvent un repas léger composé de céréales et de pain grillé. Mais certains aiment parfois prendre un petit-déjeuner complet, appelé « full English breakfast » (le fameux petit-déjeuner anglais), souvent pendant le week-end. Il existe aussi des variations du petit-déjeuner anglais dans d'autres régions du Royaume-Uni : un « full Scottish breakfast » (la variante écossaise), par exemple, contient du « haggis », de la panse de brebis farcie !

VOCABULAIRE

le petit-déjeuner continental
continental breakfast

la tartine de beurre
bread and butter

la tartine de confiture
bread and jam

prendre le petit-déjeuner
to have breakfast

sauter le petit-déjeuner
to skip breakfast

LE SAVIEZ-VOUS ?

165 millions de tasses de thé sont bues chaque jour au Royaume-Uni. Les Britanniques préfèrent généralement boire leur thé avec un nuage de lait froid et parfois un peu de sucre.

LES BOISSONS

le café
coffee

le chocolat chaud
hot chocolate

le jus d'orange
orange juice

le lait
milk

le smoothie
smoothie

le thé (au lait)
tea (with milk)

LA NOURRITURE

les céréales
breakfast cereal

la confiture
jam

le croissant
croissant

la marmelade
marmalade

le muesli
muesli

l'œuf à la coque
boiled egg

les œufs brouillés
scrambled eggs *pl*

le pain grillé
toast

la pâte à tartiner
chocolate spread

le petit-déjeuner anglais
full English breakfast

le porridge
porridge

le yaourt
yoghurt

LES REPAS | MAIN MEALS

Le dîner est le repas le plus important de la journée dans la plupart des familles britanniques. Le déjeuner est souvent plus léger et beaucoup se contentent d'un simple sandwich.

VOUS POUVEZ DIRE…

Qu'est-ce qu'on mange ce soir ?
What's for dinner?

On mange à quelle heure ce soir ?
What time is dinner?

Je peux goûter ?
Can I try it?

Je ne peux pas manger de…
I can't eat…

VOUS POUVEZ ENTENDRE…

On mange… ce soir.
We're having … for dinner.

Le dîner est à 18 heures.
Dinner is at 6 o'clock.

À table !
Dinner's ready!

Est-ce qu'il y a des choses que vous ne pouvez pas manger ?
Is there anything you can't eat?

VOCABULAIRE

la nourriture **food**	le thé de l'après-midi **afternoon tea**	grignoter **to have a snack**
la boisson **drink**	les plats **courses** *pl*	déjeuner **to have lunch**
le déjeuner **lunch**	manger **to eat**	dîner **to have dinner**
le dîner **dinner**	boire **to drink**	

LE SAVIEZ-VOUS ?

La tradition du thé de l'après-midi (« afternoon tea »), un repas léger composé de thé, de sandwichs et de gâteaux, habituellement servi entre 15 heures et 17 heures, trouve son origine dans les classes aisées de l'Angleterre de la moitié du XIXe siècle. De nos jours, elle est considérée comme un petit plaisir ou une manière de marquer une occasion particulière.

LES ENTRÉES

le beignet de légumes
pakora

le camembert pané
breaded camembert

le cocktail de crevettes
prawn cocktail

les olives
olives *pl*

le pain à l'ail
garlic bread

le pâté
pâté

la quiche
quiche

le saumon fumé
smoked salmon

la soupe
soup

LES ACCOMPAGNEMENTS

les frites
chips *pl*

le gratin de chou-fleur
cauliflower cheese

les haricots blancs à la sauce tomate
baked beans *pl*

les légumes cuits
cooked vegetables *pl*

les petits pois
peas *pl*

les pommes de terre
potatoes *pl*

la purée
mashed potato

le riz
rice

les rondelles d'oignons frits
onion rings *pl*

la salade de chou cru
coleslaw

la salade verte
green salad

le Yorkshire pudding
Yorkshire pudding

LES SPÉCIALITÉS

l'assiette de fromages, crudités et chutney
ploughman's lunch

le fish and chips
fish and chips

le hachis parmentier
cottage pie

la panse de brebis farcie
haggis

le poulet tikka massala
chicken tikka masala

le ragoût de mouton
Irish stew

le ragoût du Lancashire
Lancashire hotpot

le rôti avec des légumes
roast dinner

la saucisse purée
sausage and mash

la soupe de petits pois au jambon
pea and ham soup

le toast au fromage
Welsh rarebit

la tourte à la viande de bœuf et aux rognons
steak and kidney pie

LES DESSERTS

le cheesecake
cheesecake

la crème anglaise
custard

le crumble
crumble

le diplomate
trifle

le gâteau au chocolat
chocolate cake

le gâteau aux dattes
sticky toffee pudding

la génoise
Victoria sponge

la glace
ice cream

la meringue
meringue

le riz au lait
rice pudding

la tarte aux pommes
apple pie

la tarte Bakewell
Bakewell tart

LE RESTAURANT | EATING OUT

Le Royaume-Uni possède une scène culinaire variée et cosmopolite, influencée par de nombreuses cultures différentes ; il y en a vraiment pour tous les goûts et tous les budgets. Des petits cafés aux pubs conviviaux, en passant par les restaurants haut de gamme, vous aurez l'embarras du choix ! Il est toujours recommandé de réserver une table, en particulier dans les restaurants.

VOUS POUVEZ DIRE...

Je voudrais faire une réservation.
I'd like to make a reservation.

Une table pour quatre, s'il vous plaît.
A table for four, please.

Nous avons choisi.
We're ready to order.

Qu'est-ce que vous nous / me conseillez ?
What would you recommend?

Quels sont les plats du jour ?
What are the specials today?

Je peux avoir..., s'il vous plaît ?
May I have ..., please?

Est-ce qu'il y a des plats végétariens / végétaliens ?
Are there vegetarian/vegan options?

Je suis allergique à...
I'm allergic to...

Excusez-moi, c'est froid.
Excuse me, this is cold.

Ce n'est pas ce que j'ai commandé.
This is not what I ordered.

L'addition, s'il vous plaît.
May we have the bill, please?

VOUS POUVEZ ENTENDRE...

Pour quelle heure ?
At what time?

Pour combien de personnes ?
For how many people?

Désolé, nous sommes complets.
Sorry, we're fully booked.

Est-ce que vous désirez quelque chose à boire ?
Would you like anything to drink?

Vous avez choisi ?
Are you ready to order?

Je vous conseille...
I would recommend...

Les plats du jour sont...
The specials today are...

Bon appétit !
Enjoy your meal!

VOCABULAIRE

le café **café**	le service **service charge**	sans produits laitiers **dairy-free**
le pub **pub**	le pourboire **tip**	réserver une table **to reserve a table**
le restaurant **restaurant**	végétarien(ne) **vegetarian**	commander **to order**
le menu **set menu**	végétalien(ne) **vegan**	demander l'addition **to ask for the bill**
les plats du jour **daily specials** *pl*	sans gluten **gluten-free**	être servi(e) **to be served**

LE SAVIEZ-VOUS ?

Si vous souhaitez laisser un pourboire, son montant va dépendre de l'établissement dans lequel vous vous trouvez. Dans les petits cafés où la commande se fait au comptoir, quelques pièces dans le pot à pourboires suffiront. Aux restaurants qui effectuent un service à table, il est d'usage de laisser un pourboire équivalent à 10-15 % de l'addition.

l'addition
bill

le bar
bar

la carafe d'eau
jug of water

la carte
menu

la chaise
chair

les condiments
condiments *pl*

la corbeille à pain
bread basket

le couteau à fromage
cheese knife

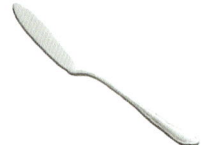
le couteau à poisson
fish knife

le couteau à viande
steak knife

les cure-dents
toothpicks *pl*

la nappe
tablecloth

le sel et le poivre
salt and pepper

le serveur / la serveuse
waiter/waitress

la serviette
napkin

la table
table

le verre à vin
wine glass

le vinaigre et l'huile
vinegar and oil

LE FAST-FOOD | FAST FOOD

Les établissements de restauration rapide et proposant des plats à emporter abondent dans la plupart des villes britanniques. Les services de livraison en ligne facilitent également la commande de repas dans les restaurants traditionnels pour en profiter chez soi.

VOUS POUVEZ DIRE…

Je voudrais commander, s'il vous plaît.
I'd like to order, please.

Est-ce que vous faites les livraisons ?
Do you deliver?

Sur place. / À emporter.
I'm sitting in/taking away.

Ça va prendre combien de temps ?
How long will it be?

Ça sera tout, merci.
That's everything, thanks.

VOUS POUVEZ ENTENDRE…

Je peux vous aider ?
Can I help you?

Sur place ou à emporter ?
Sit-in or takeaway?

Nous faisons / ne faisons pas de livraisons.
We do/don't do delivery.

Et avec ceci ?
Would you like anything else?

Petit, moyen ou grand ?
Small, medium, or large?

VOCABULAIRE

la chaîne de fast-foods
fast-food chain

la nourriture vendue dans la rue
street food

le food-truck de restauration rapide / burgers
snack/burger van

la friterie
chippy

le drive
drive-thru

une commande à emporter
an order to go/a takeaway

les frais de livraison
delivery charge

le livreur / la livreuse
delivery driver

commander sur internet
to order online

commander par téléphone
to phone in an order

passer commande
to place an order

venir chercher sa commande
to collect an order

le croque-monsieur
toasted sandwich

le fish and chips
fish and chips

les frites
chips *pl*

le hamburger
burger

le hot dog
hot dog

le kebab
kebab

les nouilles
noodles *pl*

la pizza
pizza

le sandwich (au pain de mie)
sandwich

le sandwich (baguette)
filled baguette

les sushis
sushi

le wrap
wrap

LA COMMUNICATION ET L'INFORMATIQUE
COMMUNICATION AND IT

La technologie est devenue très importante dans notre vie de tous les jours. Un simple clic nous permet de rester en contact avec nos proches, de nous tenir au courant des actualités ou de trouver les informations dont nous avons besoin.

VOUS POUVEZ DIRE / ENTENDRE...

Je vous appelle plus tard.
I'll give you a call later.

Je vous envoie un SMS / e-mail.
I'll text/email you.

Quel est votre numéro de téléphone ?
What's your number?

Je ne vous entends pas bien. (*au téléphone*)
This is a bad line.

Je n'ai pas de réseau / wifi.
I don't have any signal/WiFi.

Quelle est votre adresse e-mail ?
What's your email address?

L'adresse du site est...
The website address is...

Quel est le mot de passe pour le wifi ?
What's the WiFi password?

C'est en un seul mot.
It's all one word.

C'est en majuscules / minuscules.
It's upper/lower case.

VOCABULAIRE

le post **post**	le site internet **website**	l'écran **screen**
les réseaux sociaux **social media**	le lien **link**	l'écran tactile **touchscreen**
l'e-mail **email**	l'icône **icon**	l'application **app**
l'adresse e-mail **email address**	la souris **mouse**	le bouton **button**
Internet **internet**	le tapis de souris **mouse mat**	la batterie **battery**
le wifi **WiFi**	le clavier **keyboard**	le câble **cable**

les données **data**	le message vocal **voice mail**	allumer / éteindre **to switch on/off**
le téléphone portable **mobile phone**	téléphoner **to make a phone call**	cliquer sur **to click on**
le téléphone fixe **landline**	poster (en ligne) **to post (online)**	planter **to crash**
le SMS **text message**	télécharger **to download/upload**	redémarrer **to reboot**
le signal de téléphonie mobile **phone signal**	recharger un téléphone **to charge a phone**	installer **to install**

LE SAVIEZ-VOUS ?

Le Royaume-Uni utilise le clavier QWERTY et non AZERTY.

la carte SIM
SIM card

le chargeur
charger

l'ordinateur
computer

le routeur sans fil
wireless router

le smartphone
smartphone

la tablette
tablet

L'ÉDUCATION | EDUCATION

Les systèmes scolaires sont différents en Angleterre, au Pays de Galles, en Écosse et en Irlande du Nord. En règle générale, l'éducation est obligatoire dans tout le Royaume-Uni à partir de 4-5 ans et jusqu'à 16 ans.

VOUS POUVEZ DIRE...

Qu'est-ce que vous étudiez ?
What are you studying?

Tu es en quelle classe ?
What year are you in?

Quelle est ta matière préférée ?
What's your favourite subject?

Est-ce que tu as des devoirs ?
Do you have any homework?

VOUS POUVEZ ENTENDRE...

J'étudie...
I'm studying...

Je suis en CM2 / dernière année.
I'm in Year 6/my final year.

J'aime bien...
I enjoy...

J'ai des devoirs à faire.
I have an assignment.

VOCABULAIRE

l'école maternelle
nursery school

l'école primaire
primary school

le collège
(lower) secondary school

le lycée
(upper) secondary school

l'enseignement supérieur
higher education

l'université
university

l'établissement d'enseignement secondaire
college

l'élève
pupil

le professeur /
la professeure
teacher

le directeur /
la directrice
headteacher

le gardien /
la gardienne
janitor

la salle de classe
classroom

le tableau blanc interactif
interactive whiteboard

l'emploi du temps
timetable

le cours
lesson

le cours magistral
lecture

les travaux dirigés
tutorial

les devoirs
homework

l'examen **exam**	le terrain de sport **playing field**	enseigner **to teach**
le diplôme **degree**	la résidence universitaire **halls of residence** *pl*	réviser **to revise**
l'étudiant / l'étudiante de premier cycle **undergraduate**	le bureau des étudiants **student union**	passer un examen **to sit an exam**
l'étudiant / l'étudiante de troisième cycle **postgraduate**	la carte d'étudiant **student card**	obtenir son diplôme **to graduate** étudier **to study**
la cantine / le resto U **canteen**	apprendre **to learn**	

LE SAVIEZ-VOUS ?

L'école commence habituellement à 9 heures et se termine entre 15 et 16 heures, du lundi au vendredi. La plupart des écoles britanniques imposent le port de l'uniforme.

L'ÉCOLE

le cahier
exercise book

le cartable
schoolbag

le crayon à papier
pencil

les crayons de couleur
colouring pencils *pl*

la gomme
eraser

le manuel
textbook

le papier
paper

la règle
ruler

le stylo
pen

le tableau blanc
whiteboard

le taille-crayon
sharpener

la trousse
pencil case

L'ENSEIGNEMENT SUPÉRIEUR

l'amphithéâtre
lecture hall

la bibliothèque
library

la cafétéria
cafeteria

le campus
campus

l'étudiant / l'étudiante
student

le maître de conférence
lecturer

LE BUREAU | THE OFFICE

Au Royaume-Uni, les heures de bureau sont généralement comprises entre 9 heures et 17 heures, mais, en pratique, ces horaires peuvent beaucoup varier.

VOUS POUVEZ DIRE / ENTENDRE...

Est-ce qu'on peut organiser une réunion ?
Can we arrange a meeting?

J'ai rendez-vous avec...
I have an appointment with...

Je peux parler à... ?
May I speak to...?

Je vous envoie les documents par e-mail.
I'll email the files to you.

C'est de la part de qui ?
Who's calling?

M. / Mme... est au téléphone.
Mr/Ms ... is on the phone.

Je peux vous rappeler ?
Can I call you back?

Je vous donne ma carte de visite.
Here's my business card.

LE SAVIEZ-VOUS ?

Il est assez courant de voir des employés britanniques manger à leur bureau ou travailler pendant leur pause déjeuner.

VOCABULAIRE

le manager / la manager
manager

le salaire
salary

le rapport
report

le personnel
staff *pl*

la comptabilité
accounts *pl*

la réunion
meeting

le collègue / la collègue
colleague

les chiffres
figures *pl*

le rendez-vous
appointment

le client / la cliente
client

la feuille de calcul
spreadsheet

la conférence téléphonique
conference call

les ressources humaines / RH
human resources/HR

la présentation
presentation

la visioconférence
video conference

la cartouche d'encre
ink cartridge

la boîte de réception
inbox

le fichier
file

la pièce jointe
attachment

le nom d'utilisateur
username

le mot de passe
password

taper
to type

se connecter /
se déconnecter
to log on/off

faire une présentation
to give a presentation

tenir une réunion
to hold a meeting

l'agrafeuse
stapler

le bloc-notes
notepad

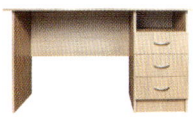

le bureau
desk

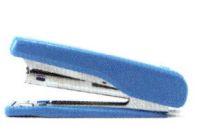

la calculatrice
calculator

les ciseaux
scissors *pl*

le classeur
filing cabinet

le classeur à anneaux
ring binder

la clé USB
USB stick

la corbeille à courrier
in/out tray

le dossier
folder

le fauteuil pivotant
swivel chair

l'imprimante
printer

la lampe de bureau
desk lamp

l'ordinateur portable
laptop

la perforatrice
hole punch

la photocopieuse
photocopier

les post-it®
sticky notes *pl*

le ruban adhésif
sticky tape

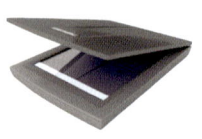
le scanner
scanner

le téléphone
telephone

le trombone
paper clip

LA BANQUE | THE BANK

La plupart des banques ont des horaires d'ouverture normaux, du lundi au vendredi ; certaines d'entre elles sont aussi ouvertes le samedi matin.

VOUS POUVEZ DIRE…

Je voudrais…
I'd like to…

… ouvrir un compte.
… open an account.

… demander un prêt / un prêt immobilier.
… apply for a loan/mortgage.

… m'inscrire aux services bancaires en ligne.
… register for online banking.

… changer de l'argent.
… change money.

Est-ce que ce service est payant ?
Is there a fee for this service?

Je dois résilier ma carte de paiement / de crédit.
I need to cancel my debit/credit card.

VOUS POUVEZ ENTENDRE…

Votre pièce d'identité / justificatif de domicile, s'il vous plaît.
May I see your ID/proof of address, please?

Combien voulez-vous retirer / déposer ?
How much would you like to withdraw/deposit?

Pouvez-vous taper votre code ?
Could you enter your PIN, please?

Vous devez remplir un formulaire.
You must fill out an application form.

Vous devez prendre rendez-vous.
You must make an appointment.

Ce service est payant.
There is a fee for this service.

VOCABULAIRE

l'agence
branch

l'employé de banque / l'employée de banque
cashier

les services bancaires en ligne
online banking

le compte bancaire
bank account

le compte courant
current account

le compte épargne
savings account

le numéro de compte
account number

le code guichet
sort code

le relevé de compte
bank statement

le solde **bank balance**	le prêt **loan**	rembourser **to repay**
le découvert **overdraft**	le prêt immobilier **mortgage**	retirer **to withdraw**
le virement **bank transfer**	les intérêts **interest**	faire un versement **to make a deposit**
la devise **currency**	emprunter **to borrow**	changer de l'argent **to change money**

LE SAVIEZ-VOUS ?

Si vous utilisez une carte de paiement étrangère pendant votre séjour au Royaume-Uni, votre banque peut vous facturer des frais de change.

GÉNÉRAL

les billets
banknotes *pl*

le bureau de change
bureau de change

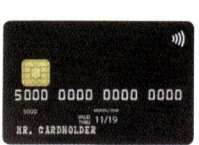

la carte de paiement / de crédit
debit/credit card

le coffre-fort
safety deposit box

le distributeur de billets
ATM

le taux de change
exchange rate

LE BUREAU DE POSTE | THE POST OFFICE

Les heures d'ouverture des bureaux de poste peuvent varier considérablement d'un endroit à l'autre : pensez à vérifier les horaires de votre bureau local avant de vous déplacer.

VOUS POUVEZ DIRE...

Je voudrais poster ceci en lettre prioritaire / par avion.
I'd like to send this first-class/ by airmail.

Est-ce que je peux avoir une preuve de dépôt ?
Can I get a certificate of postage, please?

Ça va mettre combien de temps à arriver ?
How long will delivery take?

Un carnet de timbres, s'il vous plaît.
I'd like a book of stamps, please.

VOUS POUVEZ ENTENDRE...

Posez-le sur la balance, s'il vous plaît.
Place it on the scales, please.

Qu'est-ce qu'il y a à l'intérieur ?
What are the contents?

Quelle est la valeur de ce colis ?
What is the value of this parcel?

Voulez-vous une preuve de dépôt ?
Would you like a certificate of postage?

Vous avez besoin de combien de timbres ?
How many stamps do you require?

VOCABULAIRE

l'adresse
address

le code postal
postcode

le coursier / la coursière
courier

le courrier
mail

la poste aérienne
airmail

la lettre prioritaire
first-class letter

la lettre ordinaire
second-class letter

l'envoi (en) recommandé
recorded delivery

l'accusé de réception
acknowledgement of receipt

poster
to post

envoyer
to send

LE SAVIEZ-VOUS ?

Les boîtes aux lettres britanniques sont traditionnellement rouges, mais ne soyez pas étonnés si vous en trouvez de couleur or dans certaines villes. Celles-ci commémorent les médailles d'or gagnées par des athlètes locaux aux Jeux olympiques et paralympiques de Londres en 2012.

la boîte
box

la boîte aux lettres
postbox

le bordereau d'envoi
delivery card

la carte postale
postcard

le colis
package

l'enveloppe
envelope

l'enveloppe à bulles
padded envelope

la lettre
letter

le postier / la postière
postal worker

le ruban adhésif
(d'emballage)
parcel tape

le timbre
stamp

EN VILLE | IN TOWN

VOUS POUVEZ DIRE...

Comment est-ce que je peux aller au centre-ville ?
How do I get to the city centre?

Je dois aller à...
I need to go to...

J'aimerais visiter...
I'd like to visit...

Quels sont les horaires d'ouverture ?
What are the opening hours?

VOUS POUVEZ ENTENDRE...

C'est ouvert de... à...
It's open between ... and...

C'est fermé le dimanche.
It's closed on Sundays.

LES LIEUX IMPORTANTS

l'aire de jeux
playground

la bibliothèque
library

le café
café

la caserne de pompiers
fire station

la cathédrale
cathedral

le commissariat
police station

l'église
church

la fontaine
fountain

l'hôpital
hospital

l'hôtel
hotel

l'hôtel de ville / la mairie
town hall

l'immeuble de bureaux
office block

la laverie
laundrette

la mosquée
mosque

le palais des congrès
conference centre

le parc
park

la synagogue
synagogue

le tribunal
courthouse

LES LOISIRS | LEISURE

Excursions d'une journée, vacances, soirées festives ou même journées canapé... nous aimons tous passer notre temps libre de manières différentes. C'est également un sujet de conversation apprécié entre amis ou collègues : qui n'aime pas parler de ses vacances, de ses passe-temps ou de ses sorties ?

la tente
tent

la corde
guy rope

le double toit
flysheet

le tapis de sol
groundsheet

le piquet
tent peg

L'ESSENTIEL | THE BASICS

VOUS POUVEZ DIRE...

Qu'est-ce que vous avez envie de faire ?
What would you like to do?

Que faites-vous pendant votre temps libre ?
What do you do in your spare time?

Est-ce que vous avez des passe-temps ?
Have you got any hobbies?

Est-ce que vous aimez... ?
Do you enjoy...?

Comment vous vous êtes mis à... ?
How did you get into...?

Êtes-vous sportif / créatif / musicien ?
Are you sporty/creative/musical?

Vous partez en vacances cette année ?
Are you going on holiday this year?

VOUS POUVEZ ENTENDRE...

Mes passe-temps sont...
My hobbies are...

J'aime...
I like...

J'aime beaucoup cela.
I really enjoy it.

Ce n'est pas fait pour moi.
It's not for me.

Je pars en vacances.
I'm going on holiday.

Je suis sportif / créatif / musicien.
I am sporty/creative/musicial.

J'ai / Je n'ai pas beaucoup de temps libre.
I have/don't have a lot of spare time.

VOCABULAIRE

les vacances **holiday**	amusant(e) **fun**	passer le temps **to pass the time**
le temps libre **spare time**	ennuyeux(-se) **boring**	se détendre **to relax**
l'activité **activity**	s'intéresser à **to be interested in**	apprécier **to enjoy**
le passe-temps **hobby/pastime**	être passionné par **to be keen on**	s'ennuyer **to be bored**

le bricolage
DIY

la cuisine
cooking

écouter de la musique
listening to music

le jardinage
gardening

les jeux vidéo
gaming

le jogging
jogging

la lecture
reading

la marche à pied
walking

regarder la télévision / des films
watching TV/films

le shopping
shopping

le sport
sport

les voyages
travelling

LE TOURISME | SIGHTSEEING

Tous les ans, un grand nombre de touristes venus du monde entier partent à la découverte du Royaume-Uni pour explorer ses villes animées, ses campagnes verdoyantes et son riche patrimoine historique.

VOUS POUVEZ DIRE...

Combien coûte l'entrée ?
How much is it to get in?

Est-ce qu'il y a un tarif réduit pour les étudiants ?
Is there a discount for students?

Où se trouve l'office de tourisme ?
Where is the tourist office?

Est-ce qu'il y a des circuits touristiques ?
Are there sightseeing tours?

Est-ce que vous avez des audioguides ?
Are there audio guides available?

VOUS POUVEZ ENTENDRE...

L'entrée est à...
Entry costs...

Il y a / Il n'y a pas de tarif réduit.
There is/isn't a discount available.

L'office de tourisme se trouve...
The tourist office is located...

Vous pouvez réserver une visite guidée.
You can book a guided tour.

Nous avons des audioguides. / Nous n'avons pas d'audioguides.
Audio guides are/are not available.

VOCABULAIRE

le touriste / la touriste **tourist**	la réserve naturelle **nature reserve**	l'audioguide **audio guide**
l'attraction touristique **tourist attraction**	le site historique **historic site**	visiter **to visit**
l'excursion **excursion**	la visite guidée **guided tour**	voir **to see**

LE SAVIEZ-VOUS ?

Certains sites culturels et historiques, comme les musées (d'histoire ou d'art) et les demeures d'époque, proposent des réductions pour les étudiants et les plus de 60 ans.

l'appareil photo
camera

le bus touristique
sightseeing bus

la cathédrale
cathedral

le château
castle

le galerie d'art
art gallery

le guide de voyage
guidebook

le guide touristique /
la guide touristique
tour guide

le jardin public
gardens *pl*

le monument
monument

le musée
museum

l'office de tourisme
tourist office

le plan
city map

EN SOIRÉE | EVENINGS OUT

Pour en savoir plus sur la vie nocturne des villes britanniques, n'hésitez pas à demander des informations sur les événements locaux et les lieux à visiter à l'office de tourisme. Pourquoi ne pas aussi demander des bonnes adresses de bars ou de boîtes de nuit aux habitants locaux ?

VOUS POUVEZ DIRE…

Qu'est-ce qu'on peut faire le soir ?
What is there to do at night?

Qu'est-ce qu'il y a au cinéma / théâtre ?
What's on at the cinema/theatre?

Où sont les meilleurs bars / meilleures boîtes de nuit ?
Where are the best bars/clubs?

Vous voulez aller boire un verre ?
Do you want to go for a drink?

Vous voulez aller voir un film / spectacle ?
Do you want to go and see a film/show?

Est-ce que vous avez des billets pour… ?
Are there tickets for…?

Deux places dans l'orchestre / au balcon, s'il vous plaît.
Two seats in the stalls/balcony, please.

Ça commence à quelle heure ?
What time does it start?

Je me suis bien amusé.
I enjoyed myself.

VOUS POUVEZ ENTENDRE…

La vie nocturne est / n'est pas géniale par ici.
The nightlife is/isn't great around here.

Mon bar préféré / Ma boîte de nuit préférée, c'est…
My favourite bar/club is…

Je vais boire un verre / au théâtre.
I'm going for a drink/to the theatre.

Il y a un film / spectacle que j'aimerais voir.
There's a film/show I'd like to see.

Il reste des billets. / Il ne reste plus de billets.
There are/are no tickets left.

Ça commence à 19 heures.
It begins at 7 o'clock.

Veuillez éteindre vos téléphones portables.
Please turn off your mobile phones.

Vous avez passé une bonne soirée ?
Did you have a good night?

VOCABULAIRE

un verre
a drink

la vie nocturne
nightlife

la fête
party

le spectacle
show

la pièce de théâtre
play

le film
film

le festival
festival

la billetterie
box office

voir des gens
to socialize

s'amuser
to enjoy oneself

voir un spectacle
to see a show

regarder un film
to watch a film

aller danser
to go dancing

commander à manger / boire
to order food/drinks

LE SAVIEZ-VOUS ?

Les restaurants britanniques ferment souvent plus tôt que les restaurants français. Sachez aussi que, dans les pubs servant à manger, la cuisine peut fermer bien avant le bar.

le ballet
ballet

le bar
bar

la boîte de nuit
nightclub

le casino
casino

le cinéma
cinema

la comédie musicale
musical

le concert
concert

la fête foraine
funfair

le karaoké
karaoke

l'opéra
opera

le restaurant
restaurant

le spectacle comique
comedy show

le théâtre
theatre

L'HÔTEL | HOTEL

Il existe une large gamme d'hébergements pour les visiteurs du Royaume-Uni, adaptés à tous les budgets, allant des hôtels de charme haut de gamme aux chambres d'hôtes confortables, en passant par les auberges de jeunesse aux tarifs modiques.

VOUS POUVEZ DIRE...

Est-ce que vous avez des chambres libres ?
Have you got any rooms available?

Quel est le tarif pour une nuit ?
How much is it per night?

Est-ce que le petit-déjeuner est inclus ?
Is breakfast included?

Je voudrais prendre / quitter ma chambre, s'il vous plaît.
I'd like to check in/out, please.

J'ai une réservation.
I have a reservation.

Je voudrais réserver une chambre individuelle / double, s'il vous plaît.
I'd like to book a single/double room, please.

À quelle heure dois-je quitter la chambre ?
What time do I have to check out?

Est-ce que je peux avoir une chambre de catégorie supérieure ?
Could I upgrade my room?

À quelle heure le petit-déjeuner est-il servi ?
What time is breakfast served?

J'ai besoin de serviettes propres / plus de savon dans ma chambre.
I need fresh towels/more soap for my room.

Je suis dans la chambre n°...
I'm in room number...

J'ai perdu ma clé.
I've lost my key.

Je voudrais faire une réclamation.
I'd like to make a complaint.

LE SAVIEZ-VOUS ?

Il n'existe pour l'instant aucune taxe de séjour au Royaume-Uni, mais certaines destinations touristiques particulièrement populaires prévoient d'en mettre en place.

VOUS POUVEZ ENTENDRE...

Nous avons / n'avons pas de chambres libres.
We have/don't have rooms available.

Nos tarifs sont...
Our rates are...

Le petit-déjeuner est / n'est pas inclus.
Breakfast is/is not included.

Le petit-déjeuner est servi à...
Breakfast is served at...

Pouvez-vous me donner votre numéro de chambre ?
May I have your room number, please?

Votre pièce d'identité, s'il vous plaît.
May I see your documents, please?

Vous pouvez arriver à partir de...
You may check in after...

Vous devez partir avant...
You must check out before...

VOCABULAIRE

l'auberge de jeunesse
youth hostel

la chambre d'hôtes
bed and breakfast

la pension complète
full board

la demi-pension
half board

le room service
room service

le réveil par téléphone
wake-up call

le numéro de chambre
room number

par personne et par nuit
per person per night

s'enregistrer (à la réception)
to check in

quitter la chambre
to check out

commander quelque chose au room service
to order room service

le bagagiste / la bagagiste
porter

la carte magnétique
key card

la chambre à deux lits
twin room

la chambre double
double room

la chambre individuelle
single room

le coffre-fort
safe

le couloir
corridor

le minibar
minibar

la pancarte « prière de ne pas déranger »
"do not disturb" sign

les produits de toilette
toiletries *pl*

la réception
reception

le réceptionniste /
la réceptionniste
receptionist

LE CAMPING | CAMPING

Il existe de nombreux campings dans tout le Royaume-Uni et, pour ceux qui souhaitent explorer la campagne britannique, le camping sauvage est également possible. Cependant, avant de vous installer ailleurs que dans un camping, il est recommandé de demander la permission au propriétaire du terrain si possible.

VOUS POUVEZ DIRE...

Est-ce que je peux camper ici ?
Is it OK to camp in this area?

Est-ce que vous avez des emplacements libres ?
Have you got spaces available?

Je voudrais réserver pour... nuits.
I'd like to book for ... nights.

Quel est le tarif pour une nuit ?
How much is it per night?

Où se trouve le bloc sanitaire ?
Where is the toilet/shower block?

Est-ce que l'eau est potable ?
Is the water drinkable?

VOUS POUVEZ ENTENDRE...

Vous pouvez / ne pouvez pas monter votre tente ici.
You can/can't put your tent up here.

Nous avons / n'avons pas d'emplacements libres.
We have/don't have spaces available.

La nuit est à...
It costs ... per night.

Les toilettes / douches sont...
The toilets/showers are located...

L'eau est / n'est pas potable.
The water is/is not drinkable.

VOCABULAIRE

le camping
campsite

le bungalow
chalet

le village de vacances
holiday village

le terrain
pitch

le branchement électrique
electricity hook-up

le bloc sanitaire
toilet/shower block

le campeur / la campeuse
camper

la personne en caravane
caravanner

camper
to camp

monter une tente
to pitch a tent

démonter une tente
to take down a tent

partir en caravane
to go caravanning

les allumettes
matches *pl*

le camping-car
motorhome

la caravane
caravan

la glacière
cool box

le gonfleur à pied
foot pump

la lampe torche
torch

le matelas gonflable
air bed

la nappe de pique-nique
picnic blanket

le réchaud à gaz
camping stove

le sac à dos
rucksack

le sac de couchage
sleeping bag

la tente
tent

LA PLAGE | THE BEACH

Le Royaume-Uni possède le plus long littoral de toute l'Europe ; l'île principale de la Grande-Bretagne possède à elle seule un littoral de plus de 17 000 km de long. La côte offre une grande variété d'activités et de paysages, des stations balnéaires pittoresques aux plages de sable, en passant par des falaises et des éperons rocheux spectaculaires.

VOUS POUVEZ DIRE...

Est-ce qu'il y a une plage agréable près d'ici ?
Is there a good beach nearby?

La baignade est-elle autorisée ?
Is swimming permitted?

L'eau est-elle froide ?
Is the water cold?

Est-ce qu'on peut louer... ?
Can we hire...?

À l'aide ! Au secours !
Help! Lifeguard!

VOUS POUVEZ ENTENDRE...

C'est une plage publique / privée.
This is a public/private beach.

La baignade est autorisée / interdite.
Swimming is allowed/forbidden.

La baignade est / n'est pas surveillée.
Swimming is/is not supervised.

L'eau est bonne / froide / gelée !
The water is warm/cold/freezing!

VOCABULAIRE

le sable **sand**	« Baignade interdite » **"No swimming"**	le bronzage **suntan**
la côte **shore**	le sauveteur / la sauveteuse **lifeguard**	prendre un bain de soleil **to sunbathe**
la plage au pavillon bleu **Blue Flag beach**	le garde-côte / la garde-côte **coastguard**	nager **to swim**

LE SAVIEZ-VOUS ?

Toutes les plages britanniques ne sont pas surveillées par des sauveteurs, mais leur présence est indiquée par un drapeau rouge et jaune. Un drapeau rouge indique des conditions dangereuses et un drapeau jaune prévient qu'il faut faire attention pendant sa baignade.

LE BORD DE MER

la jetée
pier

la mer
sea

les galets
shingle

le transat
deckchair

GÉNÉRAL

les algues
seaweed

le ballon de plage
beach ball

le brise-vent
windbreak

la cabine de plage
beach hut

le camion du marchand de glaces
ice-cream van

le chapeau de soleil
sunhat

le château de sable
sandcastle

la crème solaire
suntan lotion

les coquillages
seashells *pl*

le front de mer
promenade

les lunettes de soleil
sunglasses *pl*

le maillot de bain
swimming trunks *pl*

le (maillot) deux-pièces
bikini

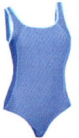

le maillot une-pièce
swimsuit

le parasol
parasol

le seau et la pelle
bucket and spade

la serviette de plage
beach towel

les tongs
flip-flops *pl*

LA MUSIQUE | MUSIC

Le Royaume-Uni accueille une grande variété de festivals de musique tout au long de l'année, des immenses événements rock et pop comme Glastonbury aux festivals renommés de musique classique comme les Proms à Londres.

VOUS POUVEZ DIRE…

J'aime écouter de la musique.
I enjoy listening to music.

Quel genre de musique écoutez-vous ?
What kind of music do you like?

J'apprends à jouer du / de la…
I'm learning to play the…

Est-ce qu'il y a des concerts par ici ?
Is there a live music scene here?

VOUS POUVEZ ENTENDRE…

J'aime / Je n'aime pas…
I like/don't like…

Il y a une bonne scène musicale par ici.
There's a good music scene here.

… est mon groupe préféré.
My favourite band is…

VOCABULAIRE

la chanson **song**	le DJ / la DJ **DJ**	le hip-hop **hip-hop**
l'album **album**	le CD **CD**	le rap **rap**
le groupe **band**	le vinyle **vinyl record**	la musique classique **classical (music)**
le concert **live music gig**	le micro **microphone**	le folk **folk (music)**
l'auteur-compositeur-interprète / l'autrice-compositrice-interprète **singer-songwriter**	la pop **pop**	la musique électronique **electronic music**
	le rock **rock**	le jazz **jazz**

jouer d'un instrument
to play an instrument

chanter
to sing

écouter de la musique
to listen to music

aller à des concerts
to go to concerts

écouter de la musique en streaming
to stream music

GÉNÉRAL

le chanteur / la chanteuse
singer

le chef d'orchestre / la cheffe d'orchestre
conductor

la chorale
choir

le musicien / la musicienne
musician

l'orchestre
orchestra

la partition
sheet music

LES INSTRUMENTS DE MUSIQUE

l'accordéon
accordion

la basse
bass guitar

la clarinette
clarinet

le clavier
keyboard

la contrebasse
double bass

la cornemuse
bagpipes *pl*

la flûte
flute

la guitare acoustique
acoustic guitar

la guitare électrique
electric guitar

l'harmonica
mouth organ

la harpe
harp

le piano
piano

le saxophone
saxophone

le tambour
drum

le tambourin
tambourine

le trombone
trombone

la trompette
trumpet

le tuba
tuba

le violon
violin

le violoncelle
cello

le xylophone
xylophone

L'ÉQUIPEMENT

la barre de son
soundbar

le casque
headphones *pl*

les écouteurs
earphones *pl*

l'enceinte Bluetooth®
Bluetooth® speaker

les haut-parleurs
speakers *pl*

la platine
turntable

LA PHOTOGRAPHIE | PHOTOGRAPHY

VOUS POUVEZ DIRE...

Est-ce que je peux prendre des photos ?
Can I take photos here?

Où est-ce que je peux imprimer mes photos ?
Where can I print my photos?

VOUS POUVEZ ENTENDRE...

Les photos ne sont pas autorisées.
Photography isn't allowed.

Souriez !
Say cheese!

VOCABULAIRE

le photographe / la photographe
photographer

la photo
photo

le selfie
selfie

la perche à selfie
selfie stick

prendre une photo / un selfie
to take a photo/ selfie

zoomer
to zoom in

l'appareil photo compact
compact camera

l'appareil photo reflex numérique
DSLR camera

la carte SD
SD card

le drone
drone

l'objectif
camera lens

le trépied
tripod

LES JEUX | GAMES

Les jeux de société sont appréciés par de nombreuses familles britanniques, alors que les parties de fléchettes ou de cartes sont plutôt disputées dans les pubs. Les jeux vidéo et les jeux en ligne, comme le poker ou le bingo, sont aussi un moyen populaire d'occuper son temps libre.

VOUS POUVEZ DIRE...

À quoi voulez-vous jouer ?
What would you like to play?

Quelles sont les règles ?
What are the rules?

VOUS POUVEZ ENTENDRE...

C'est à toi / vous.
It's your turn.

Le temps est écoulé !
Time's up!

VOCABULAIRE

le joueur / la joueuse **player**	le jeu (dans la main) **hand (in cards)**	le sudoku **sudoku**
le jeu de mime **charades**	le jeu vidéo **video game**	le quiz dans un pub **pub quiz**
le cache-cache **hide and seek**	le joystick **joystick**	jouer **to play**
le solitaire **solitaire**	le casque de réalité virtuelle **virtual reality headset**	jeter les dés **to roll the dice**
le poker **poker**		gagner **to win**
le bingo **bingo**	les mots croisés **crossword**	perdre **to lose**

LE SAVIEZ-VOUS ?

Beaucoup de pubs et de cafés britanniques organisent régulièrement des « quiz nights », pendant lesquels des équipes de participants s'affrontent pour répondre à des questions de culture générale et gagner des prix. C'est l'occasion idéale d'utiliser et d'améliorer son anglais !

le bowling
bowling

les cartes
cards *pl*

la console de jeu
games console

les dames
draughts

le dé
dice

les dominos
dominoes

les échecs
chess

les fléchettes
darts

le jeu de plateau
board game

la manette de jeu
game controller

les pions
counters *pl*

le puzzle
jigsaw puzzle

LES TRAVAUX MANUELS | ARTS AND CRAFTS

Les Britanniques s'intéressent beaucoup aux travaux manuels et à l'artisanat, comme le prouve l'organisation régulière de foires artisanales dans tout le pays.

VOCABULAIRE

les objets artisanaux
handicrafts *pl*

le tricot
knitting

la couture
sewing

la foire artisanale
craft fair

l'artiste
artist

l'amateur / l'amatrice
amateur

le couturier /
la couturière
dressmaker

peindre
to paint

faire un croquis de
to sketch

coudre
to sew

tricoter
to knit

faire du crochet
to crochet

GÉNÉRAL

la broderie
embroidery

les créations en papier
papercrafts *pl*

la fabrication de bijoux
jewellery-making

la menuiserie
woodwork

le modélisme
model-making

la poterie
pottery

LE MATÉRIEL ARTISTIQUE

l'aquarelle
watercolours *pl*

le carnet de croquis
sketchpad

le chevalet
easel

le crayon à papier
pencil

l'encre
ink

la palette
palette

le papier
paper

les pastels
pastels *pl*

la peinture à l'huile
oil paint

le pinceau
paintbrush

le stylo
pen

la toile
canvas

LA COUTURE ET LE TRICOT

l'aiguille et le fil
needle and thread

les aiguilles à tricoter
knitting needles *pl*

la boîte à couture
sewing basket

les boutons
buttons *pl*

les ciseaux de couture
fabric scissors *pl*

le crochet
crochet hook

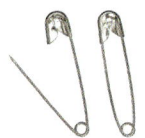
l'épingle à nourrice
safety pin

les épingles
pins *pl*

la machine à coudre
sewing machine

le mètre ruban
tape measure

la pelote de laine
ball of wool

le tissu
fabric

LE SPORT | SPORT

Que ce soit en football ou en rugby, en tennis ou en cricket, le Royaume-Uni possède une impressionnante histoire sportive. Il existe des centaines de clubs et de salles de sport, sans compter les événements sportifs, auxquels vous pouvez participer dans tout le pays, en tant que joueur ou en tant que spectateur. N'hésitez pas à pratiquer un sport, en plein air ou en salle, ou même tout simplement à discuter des résultats de votre équipe préférée.

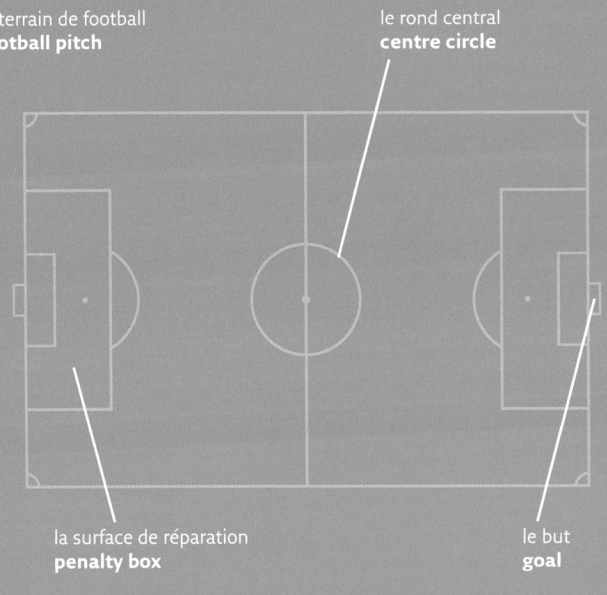

le terrain de football
football pitch

le rond central
centre circle

la surface de réparation
penalty box

le but
goal

L'ESSENTIEL | THE BASICS

VOUS POUVEZ DIRE…

J'aime rester actif.
I like keeping active.

Où se trouve… ?
Where is…?

Où est le / la… le / la plus proche ?
Where is the nearest…?

Je m'entraîne… fois par semaine.
I train … times per week.

Je joue au rugby / hockey.
I play rugby/hockey.

Je voudrais réserver…
I'd like to book…

VOUS POUVEZ ENTENDRE…

Il y a un / une… près d'ici.
There's a … nearby.

Est-ce que vous faites du sport ?
Do you do any sports?

Où / Quand vous entraînez-vous ?
Where/When do you train?

Est-ce que vous suivez un sport ?
Do you follow any sports?

Quelle est votre équipe préférée ?
What's your favourite team?

Je suis fan de…
I'm a … fan.

VOCABULAIRE

le tournoi
tournament

la compétition
competition

la ligue
league

le champion /
la championne
champion

le concurrent /
la concurrente
competitor

le coéquipier /
la coéquipière
teammate

l'entraîneur /
l'entraîneuse
coach

le directeur sportif /
la directrice sportive
manager

le match
match

les points
points *pl*

entraîner
to coach

participer
to compete

marquer
to score

gagner
to win

perdre
to lose

faire match nul
to draw

l'arbitre
referee

le centre sportif
leisure centre

l'équipe
team

les gradins
stands *pl*

la médaille
medal

l'officiel / l'officielle
official

le podium
podium

les spectateurs
spectators *pl*

le sportif / la sportive
sportsperson

le stade
stadium

le tableau d'affichage
scoreboard

le trophée
trophy

LA SALLE DE SPORT | FITNESS

VOUS POUVEZ DIRE…

Je voudrais m'inscrire à la salle de sport.
I'd like to join the gym.

Je voudrais réserver un cours.
I'd like to book a class.

Quels équipements avez-vous ?
What are the facilities like?

Quel genre de cours donnez-vous ici ?
What classes can you do here?

VOUS POUVEZ ENTENDRE…

Êtes-vous membre du club ?
Are you a member here?

Voulez-vous réserver un cours d'initiation ?
Would you like to book an induction?

Quelle plage horaire souhaitez-vous réserver ?
What time would you like to book for?

VOCABULAIRE

la salle de sport
gym

l'abonnement à la salle de sport
gym membership

l'entraîneur personnel / l'entraîneuse personnelle
personal trainer

le cours de remise en forme
exercise class

le Pilates
Pilates

le yoga
yoga

les pompes
press-ups *pl*

les abdos
sit-ups *pl*

les poids
weights *pl*

faire du sport
to exercise

se maintenir en forme
to keep fit

aller courir
to go for a run

aller à la salle de sport
to go to the gym

LA SALLE DE SPORT

le ballon de gym
gym ball

le banc de musculation
weightlifting bench

le casier
locker

la corde à sauter
skipping rope

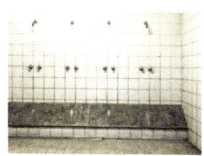
les douches
showers *pl*

l'haltère
dumbbell

le kettlebell
kettle bell

le rameur
rowing machine

le tapis de course
treadmill

le vestiaire
changing room

le vélo d'appartement
exercise bike

le vélo elliptique
cross trainer

LE FOOTBALL | FOOTBALL

Le football est le sport le plus populaire au Royaume-Uni. Considéré comme le berceau de ce sport, le pays possède certaines des plus vieilles équipes, ainsi que les plus anciennes compétitions. Il n'existe pas d'équipe britannique : chaque nation possède sa propre équipe. Beaucoup de fans choisissent également de soutenir leur équipe locale plutôt que les plus grandes équipes.

VOUS POUVEZ DIRE…

Est-ce que vous allez regarder le match ?
Are you going to watch the match?

Quel est le score ?
What's the score?

Faute !
Foul!

VOUS POUVEZ ENTENDRE…

Je regarde le match.
I'm watching the match.

Le score est de…
The score is…

Allez !
Go on!

VOCABULAIRE

le défenseur / la défenseuse
defender

l'attaquant / l'attaquante
striker

le remplaçant / la remplaçante
substitute

le coup d'envoi
kick-off

la mi-temps
half-time

la fin du match
full-time

les prolongations
extra time

le temps additionnel
added time

le coup franc
free kick

la tête
header

l'arrêt (du gardien)
save

hors-jeu
offside

le penalty
penalty

la surface de réparation
penalty box

le rond central
centre circle

le football à cinq
five-a-side football

jouer au football
to play football

frapper avec le pied
to kick

faire une passe
to pass the ball

marquer un but
to score a goal

le ballon de foot
football

les buts
goal

le carton jaune / rouge
yellow/red card

les chaussures de football
football boots *pl*

le footballeur / la footballeuse
football player

les gants de gardien
goalkeeper's gloves *pl*

le gardien de but / la gardienne de but
goalkeeper

le juge de touche / la juge de touche
assistant referee

le match de football
football match

les protège-tibias
shin pads *pl*

le sifflet
whistle

le terrain de football
football pitch

LE RUGBY | RUGBY

Le rugby à quinze comme le rugby à treize sont très populaires dans tout le Royaume-Uni. Le Tournoi des six nations, disputé par les équipes de l'Angleterre, de l'Écosse, de l'Irlande, du Pays de Galles, de la France et de l'Italie, est organisé tous les ans en février et mars.

VOCABULAIRE

le rugby à treize
rugby league

l'essai
try

le casque
headguard

le rugby à quinze
rugby union

la transformation
conversion

le protège-dents
mouthguard

le rugby-fauteuil
wheelchair rugby

la pénalité
penalty kick

jouer au rugby
to play rugby

l'avant
forward

le drop
drop goal

plaquer
to tackle

l'arrière
back

la passe
pass

marquer un essai
to score a try

le ballon de rugby
rugby ball

le joueur de rugby /
la joueuse de rugby
rugby player

la mêlée
scrum

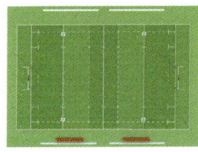

les poteaux de rugby
rugby goalposts *pl*

le rugby
rugby

le terrain de rugby
rugby field

LE CRICKET | CRICKET

Le cricket est particulièrement apprécié en Angleterre et est même suivi, dans une moindre mesure, au Pays de Galles, en Écosse et en Irlande du Nord. Le tournoi des Ashes (littéralement « les cendres »), organisé tous les deux ans entre les équipes nationales de l'Angleterre et de l'Australie, est considéré comme la plus grande compétition de ce sport.

VOCABULAIRE

le joueur de cricket /
la joueuse de cricket
cricketer

le batteur / la batteuse
batsman/batswoman

le lanceur / la lanceuse
bowler

le gardien de guichet /
la gardienne de guichet
wicket-keeper

la tenue de cricket
cricket whites *pl*

le tour de batte
innings

la série
over

la course
run

lancer
to bowl

être à la batte
to bat

tenir le champ
to field

marquer une course
to score a run

la balle de cricket
cricket ball

la batte de cricket
cricket bat

le casque de cricket
cricket helmet

le cricket
cricket

le guichet
wicket

les protège-tibias
leg pads *pl*

LES SPORTS DE RAQUETTE | RACKET SPORTS

Le tennis, dont l'histoire britannique remonte à des centaines d'années, est devenu aujourd'hui l'un des sports les plus populaires au Royaume-Uni, apprécié par les jeunes comme par les plus âgés.

VOCABULAIRE

l'ace
ace

le service
serve

le revers
backhand

le coup droit
forehand

la faute
fault

la chaise de l'arbitre
umpire's chair

l'échange
rally

l'égalité
deuce

la tête de série
top seed

jeu, set et match
game, set and match

le (match) simple
singles (match)

le (match) double
doubles (match)

jouer au tennis
to play tennis

jouer au badminton /
squash
**to play badminton/
squash**

frapper
to hit

servir
to serve

prendre le service de
son adversaire
**to break your
opponent's serve**

LE SAVIEZ-VOUS ?

Wimbledon, le plus ancien tournoi de tennis au monde, a été créé en 1877. Chaque été, plus de 54 000 balles de tennis sont utilisées tout au long du tournoi !

LE BADMINTON

le badminton
badminton

la raquette de
badminton
badminton racket

le volant
shuttlecock

LE SQUASH

la balle de squash
squash ball

la raquette de squash
squash racket

le squash
squash

LE TENNIS

l'arbitre
umpire

la balle de tennis
tennis ball

le court de tennis
tennis court

le filet
net

le joueur de tennis /
la joueuse de tennis
tennis player

le juge de ligne /
la juge de ligne
line judge

le ramasseur de balles /
la ramasseuse de balles
ball boy/ball girl

la raquette de tennis
tennis racket

le tennis
tennis

LES SPORTS NAUTIQUES | WATER SPORTS

Il existe une large gamme de sports nautiques que vous pouvez pratiquer pendant votre séjour au Royaume-Uni, sur la côte mais aussi à l'intérieur des terres. Il est toujours recommandé d'être accompagné de moniteurs expérimentés et d'utiliser un matériel de sécurité adapté.

VOUS POUVEZ DIRE...

Je suis un bon nageur.
I'm a keen swimmer.

C'est possible de louer... ?
Can I hire...?

VOUS POUVEZ ENTENDRE...

Vous devez porter un gilet de sauvetage.
You must wear a lifejacket.

L'eau est profonde / peu profonde.
The water is deep/shallow.

VOCABULAIRE

la natation **swimming**	le plongeur / la plongeuse **diver**	le surfeur / la surfeuse **surfer**
le nageur / la nageuse **swimmer**	le plongeon **diving**	nager **to swim**
la brasse **breaststroke**	la plongée sous-marine **scuba diving**	plonger **to dive**
le dos crawlé **backstroke**	le bodyboard **bodyboarding**	surfer **to surf**
le crawl **front crawl**	la plongée avec masque et tuba **snorkelling**	pagayer **to paddle**
le papillon **butterfly**	le paddle **paddleboarding**	ramer **to row**
le couloir **lane**	le pêcheur / la pêcheuse **angler**	naviguer **to sail**
la longueur **length**		pêcher **to fish**
le cours de natation **swimming lesson**		

LA PISCINE

le bonnet de bain
swimming cap

les brassards
armbands *pl*

les lunettes de piscine
goggles *pl*

le maillot de bain
swimming trunks *pl*

le maillot une-pièce
swimsuit

le maître nageur /
la maître nageuse
lifeguard

les palmes
flippers *pl*

la piscine
swimming pool

le plongeoir
diving board

LES ÉTENDUES D'EAU

l'aviron
rowing

la canne à pêche
fishing rod

le canoë
canoeing

la combinaison de plongée
wetsuit

le gilet de sauvetage
lifejacket

le jet-ski®
jetski®

le kayak
kayaking

la pagaie
paddle

la pêche
fishing

la planche à voile
windsurfing

la planche de surf
surfboard

les rames
oars *pl*

le ski nautique
waterskiing

le surf
surfing

la voile
sailing

LES SPORTS D'HIVER | WINTER SPORTS

Le climat tempéré de la Grande-Bretagne ne signifie pas que la pratique des sports d'hiver est impossible au Royaume-Uni. Il existe un certain nombre de stations de ski dans les Highlands écossaises et la randonnée ou l'alpinisme sont des activités très pratiquées dans les régions telles que le Peak District ou Snowdonia.

VOUS POUVEZ DIRE...

Est-ce que je peux louer des skis ?
Can I hire some skis?

Je voudrais prendre un cours de ski, s'il vous plaît.
I'd like a skiing lesson, please.

Quelles sont les conditions de neige ?
What are the snow conditions like?

Je suis tombé(e).
I've fallen.

VOUS POUVEZ ENTENDRE...

Vous pouvez louer des skis ici.
You can hire skis here.

Vous pouvez réserver un cours de ski ici.
You can book a skiing lesson here.

Les conditions sont bonnes / mauvaises.
The conditions are good/bad.

Il y a un risque d'avalanche.
There's an avalanche risk.

Soyez prudent.
Be careful.

VOCABULAIRE

le skieur / la skieuse
skier

la station de ski
ski resort

la remontée mécanique
ski lift

le télésiège
chairlift

le moniteur de ski / la monitrice de ski
ski instructor

le secours en montagne
mountain rescue service

la neige
snow

la poudreuse
powder

la glace
ice

l'avalanche
avalanche

skier (hors piste)
to ski (off-piste)

faire du snowboard
to snowboard

faire de la luge
to go sledging

faire du patin à glace
to go ice skating

faire de l'alpinisme
to go mountain climbing

LES SPORTS D'HIVER

les bâtons de ski
ski poles *pl*

le casque
ski helmet

les chaussures de ski
ski boots *pl*

les chaussures de snowboard
snowboarding boots *pl*

le curling
curling

les gants de ski
ski gloves *pl*

la luge
sledge

le masque de ski
ski goggles *pl*

le pantalon de ski
salopettes *pl*

le patinage
ice skating

les patins à glace
ice skates *pl*

la piste de ski artificielle
dry ski slope

les skis
skis *pl*

le snowboard
snowboard

la veste de ski
ski jacket

LA RANDONNÉE ET L'ALPINISME

les bâtons de marche
walking poles *pl*

la boussole
compass

la carte
map

les chaussures de randonnée
walking boots *pl*

la corde
rope

les crampons
crampons *pl*

le mousqueton
carabiner clip

le piolet
ice axe

le sac à dos
rucksack

LES SPORTS DE COMBAT | COMBAT SPORTS

Le Royaume-Uni possède une longue histoire en matière de boxe, comportant de nombreuses victoires, et les arts martiaux attirent beaucoup de passionnés dans le pays. La lutte en tant que divertissement sportif y trouve également son public.

VOCABULAIRE

le combat
fight

le boxeur / la boxeuse
boxer

le combattant /
la combattante
fighter

l'adversaire
opponent

le poids plume
featherweight

le poids lourd
heavyweight

le poids léger
lightweight

le coup de poing
punch

le KO
knockout

les arts martiaux
martial arts *pl*

boxer
to box

lutter
to wrestle

donner un coup de poing
to punch

donner un coup de pied
to kick

frapper
to strike

s'entraîner
to spar

mettre KO
to knock out

LA BOXE

le casque
headguard

les chaussures de boxe
boxing shoes *pl*

les gants de boxe
boxing gloves *pl*

le protège-dents
mouthguard

le punching-ball
punchbag

le ring
boxing ring

LES AUTRES SPORTS DE COMBAT

l'escrime
fencing

le judo
judo

le karaté
karate

le kick-boxing
kickboxing

la lutte
wrestling

le taekwondo
taekwondo

L'ATHLÉTISME | ATHLETICS

VOCABULAIRE

le coureur / la coureuse
runner

la course
race

le marathon
marathon

le pistolet de départ
starter's gun

le faux départ
false start

le couloir
lane

la ligne de départ
start line

la ligne d'arrivée
finish line

l'épreuve éliminatoire
heat

la finale
final

le sprint
sprint

la course de relais
relay

le triple saut
triple jump

l'heptathlon
heptathlon

le décathlon
decathlon

l'athlétisme en salle
indoor athletics

faire de l'athlétisme
to do athletics

courir
to run

faire la course
to race

sauter
to jump

lancer
to throw

LE SAVIEZ-VOUS ?

Les Jeux paralympiques modernes trouvent leurs origines dans le travail du Dr Ludwig Guttman, le créateur d'un tournoi sportif pour les patients paraplégiques de l'hôpital anglais de Stoke Mandeville en 1948.

l'athlète
athlete

les chaussures à pointes
spikes *pl*

le chronomètre
stopwatch

la course de haies
hurdles

le javelot
javelin

le lancer de disque
discus

le lancer du poids
shot put

la piste
running track

le saut à la perche
pole vault

le saut en hauteur
high jump

le saut en longueur
long jump

le starting-block
starting block

LE GOLF | GOLF

Le golf moderne trouverait ses origines dans l'Écosse du XVe siècle. Le « Old Course » de St Andrews est d'ailleurs considéré comme le plus vieux terrain de golf au monde.

VOCABULAIRE

le joueur de golf /
la joueuse de golf
golfer

le caddie / la caddie
caddie

le terrain de golf
golf course

le fairway
fairway

le pavillon
clubhouse

le green
green

le bunker
bunker

le trou
hole

le trou en un
hole-in-one

le birdie
birdie

le handicap
handicap

le swing
swing

au-dessus /
au-dessous du par
over/under par

jouer au golf
to play golf

prendre le départ
to tee off

la balle de golf
golf ball

le club de golf
golf club

le putter
putter

le sac de golf
golf bag

le tee
tee

la voiturette de golf
golf buggy

LES AUTRES SPORTS | OTHER SPORTS

le base-ball
baseball

le basket-ball
basketball

le billard
snooker

le BMX
BMX

les boules
bowls

la course automobile
motor racing

la course de chevaux
horse racing

la course de motos
motorcycle racing

le cyclisme sur piste
track cycling

l'escalade
climbing

le football américain
American football

la gymnastique
gymnastics

l'haltérophilie
weightlifting

le hockey sur gazon
hockey

le hockey sur glace
ice hockey

le netball
netball

le saut d'obstacles
showjumping

le skateboard
skateboarding

le tennis de table
table tennis

le tir
shooting

le tir à l'arc
archery

le triathlon
triathlon

le volley-ball
volleyball

le water-polo
water polo

LA SANTÉ | HEALTH

Il est important de se préparer à tout imprévu médical pendant votre voyage à l'étranger. Assurez-vous de souscrire à une couverture santé adaptée à votre séjour au Royaume-Uni ; si vous êtes dans le pays pour vos vacances, pensez à prendre une assurance voyage.

la trousse de secours
first-aid kit

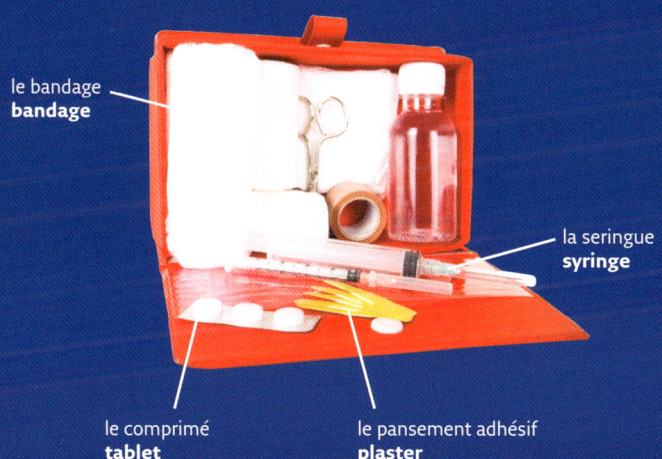

le bandage
bandage

la seringue
syringe

le comprimé
tablet

le pansement adhésif
plaster

L'ESSENTIEL | THE BASICS

Le National Health Service (l'équivalent de la Sécurité Sociale) délivre en cas de besoin des soins médicaux gratuits aux personnes résidant au Royaume-Uni. De nombreux hôpitaux et cabinets médicaux privés proposent également une vaste gamme de services.

VOUS POUVEZ DIRE…

Je ne me sens pas bien.
I don't feel well.

Je me suis fait mal à…
I've hurt…

J'ai envie de vomir.
I'm going to be sick.

Je dois voir un médecin.
I need to see a doctor.

Je dois aller à l'hôpital.
I need to go to hospital.

Appelez les secours.
Call an ambulance.

VOUS POUVEZ ENTENDRE…

Qu'est-ce qui ne va pas ?
What's wrong?

Où avez-vous mal ?
Where does it hurt?

Qu'est-ce qui s'est passé ?
What happened?

Vous êtes malade depuis combien de temps ?
How long have you been feeling ill?

LE SAVIEZ-VOUS ?

Le 999 est le numéro d'urgence principal au Royaume-Uni, utilisé pour contacter les services médicaux, la police, les pompiers ou les secours. Le 111 est le numéro de NHS 111, un service qui fournit des conseils médicaux non urgents à toute heure de la journée. Ces deux numéros proposent un service de traduction si vous en faites la demande.

VOCABULAIRE

le secouriste /
la secouriste
first aider

la douleur
pain

la maladie
illness

le symptôme
symptom

l'assurance maladie
health insurance

avoir mal
to be in pain

la santé mentale
mental health

en bonne santé
healthy

se remettre
to recover

le traitement
treatment

être malade
to be ill

soigner
to treat

l'ambulancier /
l'ambulancière
paramedic

l'hôpital
hospital

l'infirmier / l'infirmière
nurse

le médecin /
la médecin
doctor

les médicaments
medicine

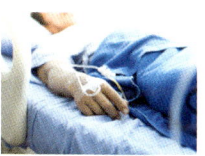

le patient / la patiente
patient

la pharmacie
pharmacy

le pharmacien /
la pharmacienne
pharmacist

la trousse de secours
first-aid kit

LE CORPS | THE BODY

VOCABULAIRE

la gorge **throat**	la langue **tongue**	le toucher **sense of touch**
l'aisselle **armpit**	la peau **skin**	l'équilibre **balance**
les organes génitaux **genitals** *pl*	les poils **(body) hair**	voir **to see**
le sein **breast**	la taille **height**	sentir **to smell**
le cil **eyelash**	le poids **weight**	entendre **to hear**
le sourcil **eyebrow**	l'IMC **BMI**	toucher **to touch**
la paupière **eyelid**	l'ouïe **sense of hearing**	goûter **to taste**
le lobe de l'oreille **earlobe**	la vue **sense of sight**	se tenir debout **to stand**
les narines **nostrils** *pl*	l'odorat **sense of smell**	marcher **to walk**
les lèvres **lips** *pl*	le goût **sense of taste**	bouger **to move**

LE SAVIEZ-VOUS ?

En anglais, l'adjectif possessif (*my, his, their*...) est souvent utilisé pour parler des parties de son corps, contrairement au français qui utilise les verbes pronominaux. Par exemple, on dit « We washed our hands » (Nous nous sommes lavé les mains) ou « I've hurt my leg » (Je me suis fait mal à la jambe).

LE VISAGE

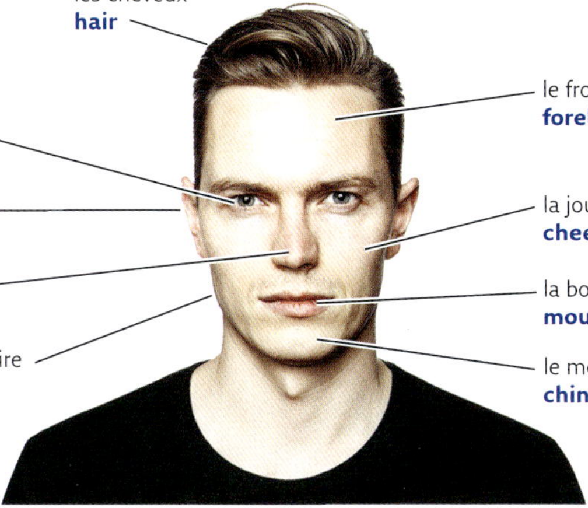

- les cheveux — **hair**
- le front — **forehead**
- l'œil — **eye**
- l'oreille — **ear**
- la joue — **cheek**
- le nez — **nose**
- la bouche — **mouth**
- la mâchoire — **jaw**
- le menton — **chin**

LA MAIN

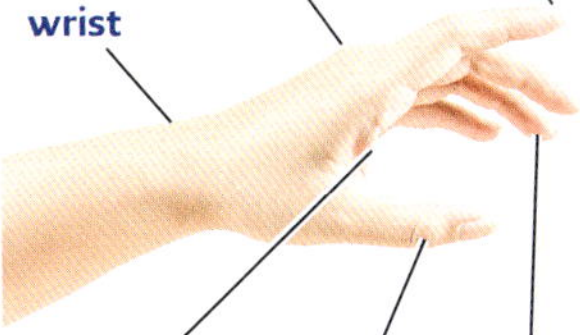

- l'articulation — **knuckle**
- l'ongle — **fingernail**
- le poignet — **wrist**
- la paume — **palm**
- le pouce — **thumb**
- le doigt — **finger**

LE PIED

- le gros orteil — **big toe**
- l'ongle de pied — **toenail**
- l'orteil — **toe**
- la plante du pied — **sole**
- le talon — **heel**
- la cheville — **ankle**

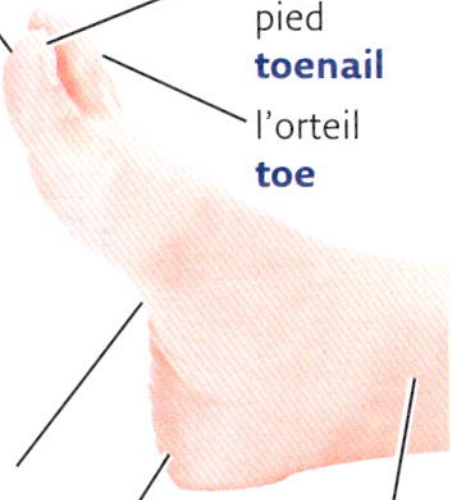

LE CORPS - DE FACE

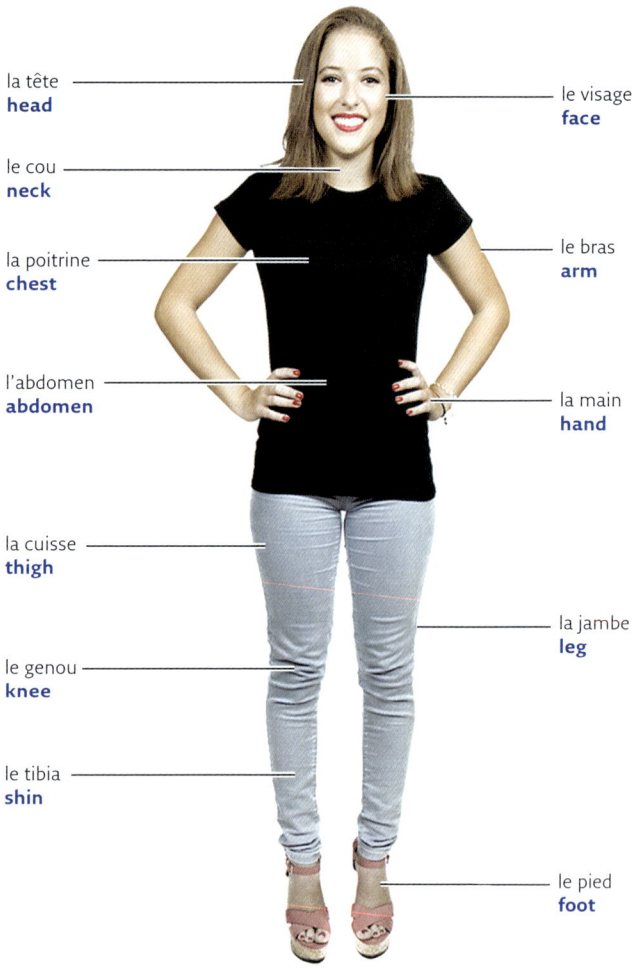

- la tête — **head**
- le visage — **face**
- le cou — **neck**
- la poitrine — **chest**
- le bras — **arm**
- l'abdomen — **abdomen**
- la main — **hand**
- la cuisse — **thigh**
- la jambe — **leg**
- le genou — **knee**
- le tibia — **shin**
- le pied — **foot**

LE CORPS - DE DOS

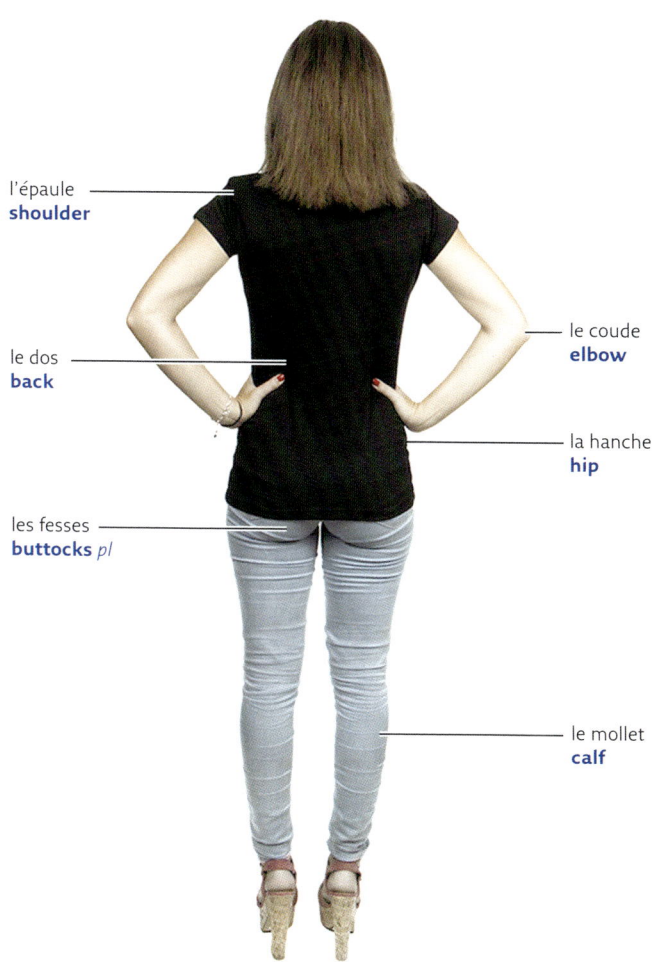

- l'épaule **shoulder**
- le dos **back**
- les fesses **buttocks** *pl*
- le coude **elbow**
- la hanche **hip**
- le mollet **calf**

À L'INTÉRIEUR DU CORPS | INSIDE THE BODY

Avec un peu de chance, vous n'aurez pas à utiliser le vocabulaire de cette page, mais il est toujours utile d'avoir la terminologie nécessaire à disposition en cas de besoin.

VOCABULAIRE

l'organe **organ**	la vessie **bladder**	le nerf **nerve**
le cerveau **brain**	le système digestif **digestive system**	le tendon **tendon**
le cœur **heart**	le système respiratoire **respiratory system**	le tissu **tissue**
le poumon **lung**	le sang **blood**	le ligament **ligament**
le foie **liver**	l'articulation **joint**	la cellule **cell**
l'estomac **stomach**	le squelette **skeleton**	l'artère **artery**
le rein **kidney**	l'os **bone**	la veine **vein**
les intestins **intestines** *pl*	le muscle **muscle**	l'oxygène **oxygen**

LE SAVIEZ-VOUS ?

Les parties du corps sont souvent utilisées dans des expressions anglaises courantes, telles que :
« to hold your tongue », qui signifie « garder le silence »
« to put your foot in it », qui se traduit par « mettre les pieds dans le plat »
« to keep your eyes peeled », qui signifie « ouvrir l'œil » (littéralement « garder les yeux épluchés »).

LE SQUELETTE

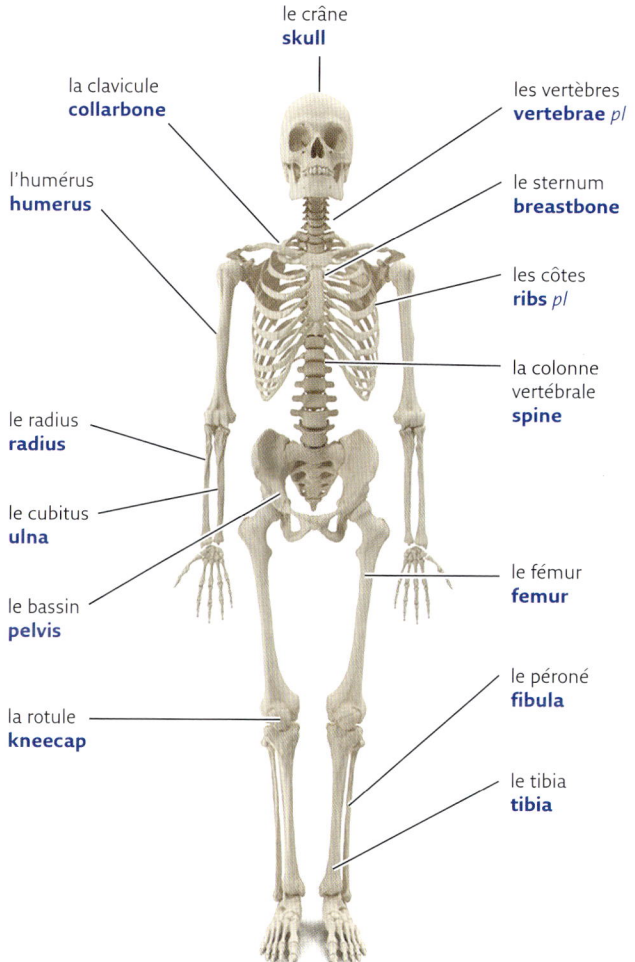

LE CABINET MÉDICAL | THE DOCTOR'S SURGERY

Si vous prévoyez de rester longtemps au Royaume-Uni, vous devrez sans doute vous enregistrer auprès d'un cabinet médical ou d'un centre médico-social. Pour pouvoir s'inscrire, il faut habiter dans une certaine zone géographique et fournir un justificatif de domicile et une pièce d'identité avec photo.

VOUS POUVEZ DIRE...

Je voudrais m'inscrire auprès de votre cabinet.
I'd like to register with the practice.

Je voudrais prendre rendez-vous.
I'd like to make an appointment.

J'ai rendez-vous avec le Dr...
I have an appointment with Dr...

Je suis allergique à...
I'm allergic to...

Je prends des médicaments pour...
I take medication for...

Je ne me sens pas bien.
I've been feeling unwell.

VOUS POUVEZ ENTENDRE...

Le médecin / L'infirmier va vous appeler.
The doctor/nurse will call you through.

Quels sont vos symptômes ?
What are your symptoms?

Je peux vous examiner ?
May I examine you?

Dites-moi si ça vous fait mal.
Tell me if that hurts.

Est-ce que vous avez des allergies ?
Do you have any allergies?

Est-ce que vous prenez des médicaments ?
Do you take any medication?

Prenez deux cachets deux fois par jour.
Take two tablets twice a day.

Vous devez voir un spécialiste.
You need to see a specialist.

VOCABULAIRE

le rendez-vous **appointment**	l'examen médical **examination**	les antibiotiques **antibiotics** *pl*
la clinique **clinic**	le test **test**	la pilule **the pill**

le somnifère
sleeping pill

l'ordonnance
prescription

la consultation à domicile
home visit

la piqûre
injection

le vaccin
vaccination / vaccine

le médicament
medication

prendre rendez-vous
to make an appointment

examiner
to examine

être sous traitement
to be on medication

l'infirmier praticien / l'infirmière praticienne
practice nurse

le médecin généraliste / la médecin généraliste
GP

la salle d'attente
waiting room

la salle d'examen
examination room

la seringue
syringe

le stéthoscope
stethoscope

la table d'examen
examination table

le tensiomètre
blood pressure monitor

le thermomètre
thermometer

LE CABINET DENTAIRE | THE DENTIST'S SURGERY

Au Royaume-Uni, les soins dentaires font partie des traitements qui doivent être payés sur place.

VOUS POUVEZ DIRE...

Est-ce que je peux avoir un rendez-vous d'urgence ?
Can I book an emergency appointment?

J'ai mal aux dents.
I have toothache.

J'ai un abcès.
I have an abscess.

Mon plombage est tombé.
My filling has come out.

Je me suis cassé(e) une dent.
I've broken my tooth.

Mon dentier s'est cassé.
My dentures are broken.

VOUS POUVEZ ENTENDRE...

Nous ne pouvons pas vous donner un rendez-vous d'urgence.
We don't have any emergency appointments available.

Vous avez besoin d'un nouveau plombage.
You need a new filling.

Malheureusement, votre dent doit être arrachée.
Unfortunately your tooth has to come out.

Vous devez prendre un autre rendez-vous.
You will need to make another appointment.

VOCABULAIRE

la visite de contrôle
check-up

la molaire
molar

les dents de sagesse
wisdom teeth *pl*

le plombage
filling

la couronne
crown

la dévitalisation
root canal treatment

l'extraction
extraction

le mal de dents
toothache

l'abcès
abscess

se brosser les dents
to brush one's teeth

utiliser du fil dentaire
to floss

l'appareil dentaire
braces pl

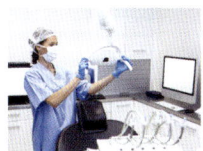

l'assistant dentaire /
l'assistante dentaire
dental nurse

le bain de bouche
mouthwash

la brosse à dents
toothbrush

le dentier
dentures pl

le dentifrice
toothpaste

le dentiste /
la dentiste
dentist

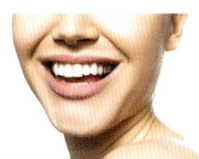

les dents
teeth pl

le fauteuil de dentiste
dentist's chair

le fil dentaire
dental floss

la fraise dentaire
dentist's drill

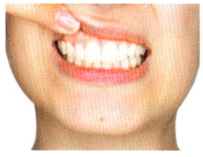

les gencives
gums pl

L'OPTICIEN | THE OPTICIAN'S

Comme pour les soins dentaires, l'ophtalmologue ou l'opticien peuvent vous demander de payer directement. Cependant, quelques services peuvent être gratuits dans certaines régions du Royaume-Uni, comme en Écosse.

VOUS POUVEZ DIRE...

Est-ce que je peux prendre rendez-vous ?
Can I book an appointment?

J'ai les yeux secs.
My eyes are dry.

J'ai mal aux yeux.
My eyes are sore.

Faites-vous les réparations de lunettes ?
Do you repair glasses?

VOUS POUVEZ ENTENDRE...

Votre rendez-vous est à...
Your appointment is at...

Regardez en haut / en bas / devant vous.
Look up/down/ahead.

Vous avez une vue parfaite.
You have perfect vision.

Vous avez besoin de lunettes de lecture.
You need reading glasses.

VOCABULAIRE

l'ophtalmologue
ophthalmologist

les lunettes de lecture
reading glasses *pl*

les verres à double foyer
bifocals *pl*

les verres progressifs
varifocals *pl*

les lentilles de contact souples
soft contact lenses *pl*

le verre
lens

la conjonctivite
conjunctivitis

l'orgelet
stye

la vision trouble
blurred vision

la cataracte
cataracts *pl*

myope
short-sighted

presbyte
long-sighted

malvoyant
visually impaired

aveugle
blind

daltonien(ne)
colour-blind

porter des lunettes
to wear glasses

porter des lentilles de contact
to wear contacts

le collyre
eye drops *pl*

l'étui à lunettes
glasses case

l'étui pour lentilles de contact
contact lens case

l'examen de la vue
eye test

les lentilles de contact
contact lenses *pl*

les lunettes
glasses *pl*

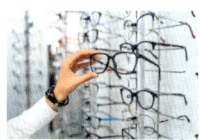

la monture
frames *pl*

l'opticien /
l'opticienne
optician

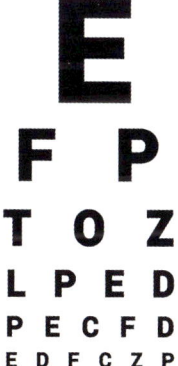

la table d'acuité visuelle
eye chart

L'HÔPITAL | THE HOSPITAL

Au Royaume-Uni, les hôpitaux reçoivent principalement les urgences et les patients envoyés par leur médecin généraliste. En cas de maladie ou de problème médical, il vaut mieux aller voir son médecin généraliste.

VOUS POUVEZ DIRE...

Dans quel service est-il / est-elle ?
Which ward is he/she in?

Quelles sont les heures de visite ?
When are visiting hours?

VOUS POUVEZ ENTENDRE...

Il / Elle est dans le service...
He/She is in ward...

Les heures de visites sont de... à...
Visiting hours are from ... to...

VOCABULAIRE

l'hôpital public
NHS hospital

la clinique
private hospital

le kinésithérapeute /
la kinésithérapeute
physiotherapist

le radiologue /
la radiologue
radiographer

le chirurgien /
la chirurgienne
surgeon

l'opération
operation

le scanner
scan

le défibrillateur
defibrillator

les soins intensifs
intensive care

le diagnostic
diagnosis

se faire opérer
to undergo surgery

être admis(e) à l'hôpital /
autorisé(e) à sortir
to be admitted/ discharged

LE SAVIEZ-VOUS ?

Les soins d'urgence dispensés par les hôpitaux britanniques sont gratuits. Cependant, les patients étrangers peuvent recevoir une facture pour certains services hospitaliers.

l'ambulance
ambulance

les béquilles
crutches *pl*

le chariot roulant
hospital trolley

le déambulateur
Zimmer frame®

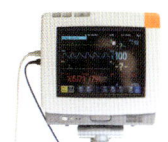
l'écran de contrôle
monitor

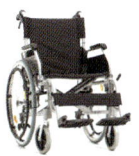
le fauteuil roulant
wheelchair

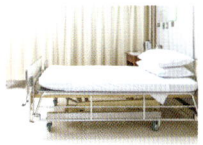
le lit d'hôpital
hospital bed

le masque à oxygène
oxygen mask

la perfusion
drip

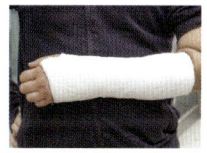
le plâtre
plaster cast

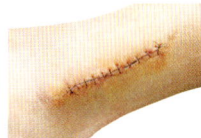
les points de suture
stitches *pl*

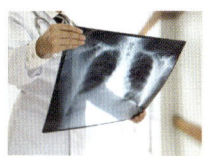
la radio
X-ray

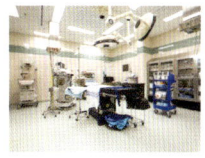
la salle d'opération
operating theatre

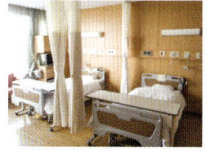
le service hospitalier
ward

les urgences
A&E

LES BLESSURES | INJURY

VOUS POUVEZ DIRE...

Pouvez-vous appeler les secours ?
Can you call an ambulance?

J'ai eu un accident.
I've had an accident.

Je me suis fait mal à...
I've hurt...

Je me suis cassé / foulé...
I've broken/sprained...

Je me suis coupé(e) / brûlé(e).
I've cut/burnt myself.

Je me suis cogné la tête.
I've hit my head.

VOUS POUVEZ ENTENDRE...

Est-ce que vous avez la tête qui tourne ?
Do you feel faint?

Est-ce que vous avez envie de vomir ?
Do you feel sick?

J'appelle les secours.
I'm calling an ambulance.

Où avez-vous mal ?
Where does it hurt?

Dites-moi ce qui s'est passé.
Tell me what happened.

LE SAVIEZ-VOUS ?

Les ambulances britanniques ne répondent qu'aux appels d'urgence. Des services de transport de patients peuvent être organisés pour les personnes ayant besoin d'aide pour se rendre à leurs rendez-vous médicaux.

VOCABULAIRE

l'accident
accident

la commotion cérébrale
concussion

la chute
fall

la luxation
dislocation

la foulure
sprain

la cicatrice
scar

le coup du lapin
whiplash

le gonflement
swelling

les premiers secours
first aid

la position latérale de sécurité
recovery position

la réanimation cardiopulmonaire
CPR

le pouls **pulse**	se blesser **to injure oneself**	se tordre la cheville **to twist one's ankle**
perdre connaissance **to lose consciousness**	tomber **to fall**	avoir l'épaule luxée **to have a dislocated shoulder**
prendre le pouls **to take his/her pulse**	se casser le bras **to break one's arm**	

LES BLESSURES

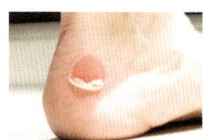

l'ampoule
blister

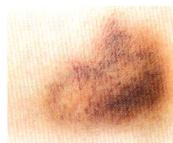

le bleu
bruise

la brûlure
burn

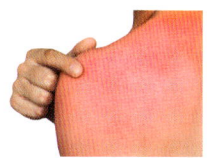

le coup de soleil
sunburn

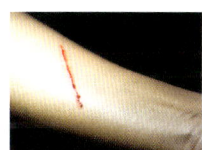

la coupure
cut

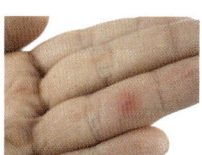

l'écharde
splinter

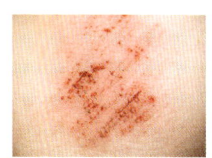

l'éraflure
graze

la fracture
fracture

la piqûre
sting

LES PREMIERS SECOURS

le bandage
bandage

la crème antiseptique
antiseptic cream

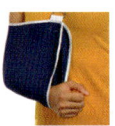
l'écharpe
sling

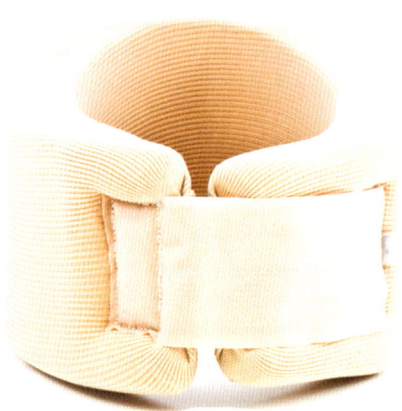
la minerve
neck brace

le pansement
dressing

le pansement adhésif
plaster

la pince à épiler
tweezers *pl*

la poche de glace
ice pack

le ruban adhésif
adhesive tape

LES MALADIES | ILLNESS

VOUS POUVEZ DIRE...

J'ai un rhume / la grippe.
I have a cold/the flu.

J'ai mal au ventre.
I have a sore stomach.

J'ai envie de vomir.
I'm going to be sick.

Je suis asthmatique / diabétique.
I have asthma/diabetes.

VOUS POUVEZ ENTENDRE...

Vous devriez aller voir un médecin.
You should go to the doctor.

Vous avez besoin de repos.
You need to rest.

De quoi avez-vous besoin ?
Do you need anything?

VOCABULAIRE

la crise cardiaque
heart attack

l'AVC
stroke

l'infection
infection

la migraine
migraine

la fièvre
fever

le virus
virus

la varicelle
chicken pox

l'éruption cutanée
rash

la gastroentérite
stomach bug

l'intoxication alimentaire
food poisoning

les vomissements
vomiting

la nausée
nausea

la diarrhée
diarrhoea

la constipation
constipation

le diabète
diabetes

l'épilepsie
epilepsy

l'asthme
asthma

le vertige
dizziness

l'inhalateur
inhaler

l'insuline
insulin

les douleurs menstruelles
period pain

tousser
to cough

éternuer
to sneeze

vomir
to vomit

s'évanouir
to faint

faire de l'hypertension / hypotension
to have high/low blood pressure

LA GROSSESSE | PREGNANCY

Si vous prévoyez d'accoucher au Royaume-Uni, vous devrez prendre rendez-vous avec une sage-femme, qui sera votre principale interlocutrice pendant votre grossesse. Si vous voyagez pendant cette période, assurez-vous d'avoir une assurance voyage adaptée.

VOUS POUVEZ DIRE...

Je suis enceinte (de six mois).
I'm (six months) pregnant.

Ma compagne / femme est enceinte.
My partner/wife is pregnant.

J'ai / Elle a des contractions toutes les... minutes.
I'm/She's having contractions every ... minutes.

J'ai / Elle a perdu les eaux.
My/Her waters have broken.

Je veux une péridurale.
I want an epidural.

VOUS POUVEZ ENTENDRE...

Vous êtes enceinte de combien de mois ?
How far along are you?

Combien de temps dure l'intervalle entre vos contractions ?
How long is it between contractions?

Je peux vous examiner ?
May I examine you?

Poussez !
Push!

VOCABULAIRE

la femme enceinte
pregnant woman

le nouveau-né /
la nouveau-née
newborn

le fœtus
foetus

l'utérus
uterus

le col de l'utérus
cervix

le travail
labour

le gaz analgésique
gas and air

la péridurale
epidural

le cours prénatal
antenatal class

le projet d'accouchement
birth plan

l'accouchement
delivery

la césarienne
Caesarean section

la fausse couche **miscarriage**	mort-né(e) **stillborn**	accoucher **to give birth**
le terme **due date**	tomber enceinte **to fall pregnant**	faire une fausse couche **to miscarry**
la nausée matinale **morning sickness**	être en train d'accoucher **to be in labour**	allaiter **to breast-feed**

LE SAVIEZ-VOUS ?

Il est courant que les parents ne sachent pas le sexe de leur bébé avant la naissance. Pensez à en informer les professionnels de santé qui vous suivent si vous souhaitez le connaître.

la couveuse
incubator

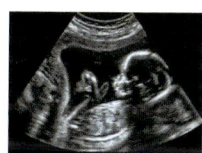

l'échographie
ultrasound

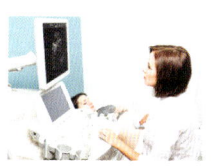

l'échographiste
sonographer

le sage-femme /
la sage-femme
midwife

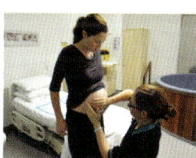

la salle
d'accouchement
labour suite

le test de grossesse
pregnancy test

LES MÉDECINES ALTERNATIVES | ALTERNATIVE THERAPIE

Les médecines alternatives sont assez populaires au Royaume-Uni, mais peu d'entre elles font partie des soins proposés par la NHS. Il faut donc s'attendre à devoir payer pour toute consultation.

VOCABULAIRE

le thérapeute / la thérapeute
therapist

le masseur / la masseuse
masseur / masseuse

le chiropracteur / la chiropractrice
chiropractor

l'acupuncteur / l'acupunctrice
acupuncturist

le réflexologue / la réflexologue
reflexologist

l'homéopathe
homeopath

le remède
remedy

les compléments alimentaires
supplements *pl*

le centre de remise en forme
health spa

le sauna
sauna

le hammam
steam room

le reiki
reiki

la pleine conscience
mindfulness

masser
to massage

méditer
to meditate

LE SAVIEZ-VOUS ?

Séjourner dans un centre de remise en forme ou une station thermale a toujours été une activité populaire pour les Britanniques qui souhaitent améliorer leur santé : beaucoup de ces établissements proposent des activités ou des cours qui suivent une approche holistique de la santé et du bien-être.

l'acupuncture
acupuncture

la chiropraxie
chiropractic

l'homéopathie
homeopathy

l'huile essentielle
essential oil

l'hypnothérapie
hypnotherapy

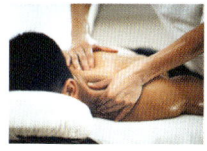
le massage
massage

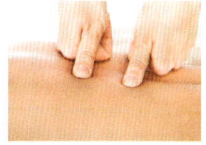
le massage shiatsu
shiatsu massage

la médecine traditionnelle chinoise
traditional Chinese medicine

la méditation
meditation

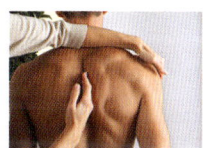
l'ostéopathie
osteopathy

la réflexologie
reflexology

la phytothérapie
herbal medicine

LE VÉTÉRINAIRE | THE VET

Si vous prévoyez de voyager au Royaume-Uni avec votre animal de compagnie, n'oubliez pas de le faire pucer, de le vacciner contre la rage et de lui prendre un passeport pour animal domestique. Les chiens doivent avoir eu un traitement vermifuge dans les 1 à 5 jours avant leur arrivée dans le pays.

VOUS POUVEZ DIRE…

Mon chien s'est blessé.
My dog has been hurt.

Mon chat est malade.
My cat is unwell.

VOUS POUVEZ ENTENDRE…

Qu'est-ce qui ne va pas ?
What seems to be the problem?

Est-ce que votre animal est pucé ?
Is your pet microchipped?

VOCABULAIRE

le vétérinaire /
la vétérinaire
vet

l'animal de compagnie
pet

la puce
flea

la tique
tick

le passeport pour
animal domestique
pet passport

la quarantaine
quarantine

la puce électronique
microchip

le traitement
vermifuge
tapeworm treatment

le vaccin contre la rage
rabies vaccination

vacciner
to vaccinate

vermifuger
to worm

pucer
to microchip

stériliser
to spay/neuter

euthanasier
to put down

la collerette
E-collar

le collier antipuces
flea collar

le panier de transport
pet carrier

LA PLANÈTE TERRE | PLANET EARTH

Avec les montagnes spectaculaires de l'Écosse et du Pays de Galles, le littoral historique de l'Irlande du Nord et les collines verdoyantes de l'Angleterre, le Royaume-Uni est un endroit idéal à explorer pour tous les amoureux de la nature, en particulier grâce à sa riche biodiversité. Il existe des centaines de sentiers qui permettront aux randonneurs de découvrir la campagne par eux-mêmes. Un grand nombre de réserves naturelles, de parcs nationaux et d'aires marines protégées sont également à découvrir dans tout le pays.

le macareux
puffin

le bec
beak

la queue
tail

la griffe
claw

L'ESSENTIEL | THE BASICS

VOUS POUVEZ DIRE…

Est-ce qu'il y a un parc / une réserve naturelle près d'ici ?
Is there a park/nature reserve nearby?

À quoi ressemble le paysage ?
What is the scenery like?

VOUS POUVEZ ENTENDRE…

Le paysage est magnifique / sauvage.
The scenery is beautiful/ rugged.

Je vous conseille d'aller à…
I'd recommend visiting…

C'est une zone protégée.
This is a protected area.

VOCABULAIRE

l'animal
animal

l'oiseau
bird

le poisson
fish

l'espèce
species

le zoo
zoo

la réserve naturelle
nature reserve

le parc national
national park

le paysage
scenery

la fourrure
fur

la laine
wool

la patte
paw

le sabot
hoof

le museau
snout

la crinière
mane

la queue
tail

la griffe
claw

la corne
horn

la plume
feather

l'aile
wing

le bec
beak

à sang froid
cold-blooded

à sang chaud
warm-blooded

aboyer
to bark

ronronner
to purr

grogner
to growl

gazouiller
to chirp

bourdonner
to buzz

LES ANIMAUX ET LES OISEAUX DOMESTIQUES
DOMESTIC ANIMALS AND BIRDS

Les Britanniques sont connus pour leur amour des animaux. Il existe donc beaucoup de logements et de plus en plus de pubs et de cafés qui acceptent les animaux, et en particulier les chiens. Il vaut toujours mieux garder votre chien en laisse pendant vos promenades à la campagne, notamment près des animaux d'élevage.

VOUS POUVEZ DIRE…

Est-ce que vous avez des animaux de compagnie ?
Do you have any pets?

Est-ce que je peux emmener mon animal ?
Is it OK to bring my pet?

C'est mon chien guide d'aveugle / d'assistance.
This is my guide dog/assistance dog.

VOUS POUVEZ ENTENDRE…

Je n'ai pas d'animal de compagnie.
I don't have a pet.

Je suis allergique aux poils d'animaux.
I'm allergic to pet hair.

Interdit aux animaux.
Animals are not allowed.

VOCABULAIRE

l'agriculteur / l'agricultrice
farmer

la ferme
farm

le propriétaire / la propriétaire
owner

la litière pour chat
cat litter

la grange
barn

le foin
hay

la paille
straw

la prairie
meadow

le troupeau
flock/herd

le chien guide d'aveugle
guide dog

le veau
calf

l'agneau
lamb

le poulain
foal

le chiot
puppy

le chaton
kitten

promener son chien
to walk the dog

aller chez le vétérinaire
to go to the vet

cultiver
to farm (crops)

élever
to farm (animals)

LES ANIMAUX DE COMPAGNIE

le chat
cat

le chien
dog

le cochon d'Inde
guinea pig

le furet
ferret

le hamster
hamster

le lapin
rabbit

le perroquet
parrot

la perruche
budgerigar

le poisson rouge
goldfish

le poisson tropical
tropical fish

le poney
pony

le rat
rat

LES ANIMAUX DE LA FERME

l'âne
donkey

le canard
duck

le cheval
horse

la chèvre
goat

le chien de berger
sheepdog

le cochon
pig

le dindon
turkey

le mouton
sheep

l'oie
goose

le poulet
chicken

le taureau
bull

la vache
cow

GÉNÉRAL

l'aquarium
aquarium

la cage
cage

la chatière
catflap

le clapier
hutch

le collier
collar

l'écurie
stable

la laisse
lead

la litière
litter tray

la niche
kennel

la nourriture pour animaux
pet food

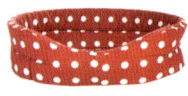

le panier pour chien
dog basket

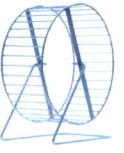

la roue pour hamster
hamster wheel

LES AMPHIBIENS ET LES REPTILES
AMPHIBIANS AND REPTILES

l'alligator
alligator

le caméléon
chameleon

le crapaud
toad

le crocodile
crocodile

le gecko
gecko

la grenouille
frog

l'iguane
iguana

le lézard
lizard

le serpent
snake

la tortue
tortoise

la tortue marine
turtle

le triton
newt

LES MAMMIFÈRES | MAMMALS

la belette
weasel

le blaireau
badger

le cerf
stag

la chauve-souris
bat

le daim
deer

l'écureuil
squirrel

le hérisson
hedgehog

le lièvre
hare

la loutre
otter

le renard
fox

la souris
mouse

la taupe
mole

LES AUTRES MAMMIFÈRES COURANTS

le chameau
camel

le chimpanzé
chimpanzee

l'éléphant
elephant

la girafe
giraffe

le gorille
gorilla

l'hippopotame
hippopotamus

le kangourou
kangaroo

le lion
lion

l'ours
bear

le rhinocéros
rhinoceros

le singe
monkey

le tigre
tiger

LES OISEAUX | BIRDS

l'aigle
eagle

l'alouette
lark

l'autruche
ostrich

la chouette
owl

la colombe
dove

le corbeau
crow

le cygne
swan

l'étourneau
starling

le faucon
hawk

le fou de Bassan
gannet

la grive
thrush

la grue
crane

le héron
heron

le macareux
puffin

le manchot
penguin

le martin-pêcheur
kingfisher

le merle
blackbird

le moineau
sparrow

la mouette
gull

le paon
peacock

le pélican
pelican

le pigeon
pigeon

le pinson
finch

le rouge-gorge
robin

LES PETITES BÊTES | MINIBEASTS

VOCABULAIRE

l'essaim
swarm

la toile d'araignée
cobweb

bourdonner
to buzz

le nid
nest

la piqûre d'insecte
insect bite

piquer
to sting

l'abeille
bee

l'araignée
spider

le cafard
cockroach

la chenille
caterpillar

le cloporte
woodlouse

la coccinelle
ladybird

le cousin
daddy longlegs

l'escargot
snail

la fourmi
ant

la guêpe
wasp

la libellule
dragonfly

la limace
slug

la mouche
fly

le moucheron
midge

le moustique
mosquito

le papillon
butterfly

le papillon de nuit
moth

le perce-oreille
earwig

la sauterelle
grasshopper

le scarabée
beetle

le ver de terre
earthworm

LES ANIMAUX MARINS | MARINE CREATURES

l'anguille
eel

la baleine
whale

le crabe
crab

le dauphin
dolphin

l'étoile de mer
starfish

le homard
lobster

la méduse
jellyfish

l'orque
killer whale

l'oursin
sea urchin

la pieuvre
octopus

le phoque
seal

le requin
shark

LES FLEURS, LES PLANTES ET LES ARBRES
FLOWERS, PLANTS, AND TREES

VOCABULAIRE

la tige
stalk

le bourgeon
bud

l'écorce
bark

la feuille
leaf

le bois
wood

la racine
root

le pétale
petal

la branche
branch

la graine
seed

le pollen
pollen

le tronc
trunk

le bulbe
bulb

LE SAVIEZ-VOUS ?

Chacune des quatre nations du Royaume-Uni est symbolisée par une plante différente : la rose est l'emblème national de l'Angleterre, le chardon représente l'Écosse, la jonquille symbolise le Pays de Galles et le trèfle est associé à l'Irlande du Nord.

LES FLEURS

le bouton d'or
buttercup

la bruyère
heather

le coquelicot
poppy

l'iris
iris

la jacinthe
hyacinth

la jacinthe des bois
bluebell

la jonquille
daffodil

le lys
lily

l'œillet
carnation

l'orchidée
orchid

la pâquerette
daisy

la pensée
pansy

la rose
rose

le tournesol
sunflower

la tulipe
tulip

LES PLANTES ET LES ARBRES

le bouleau
birch

le cerisier
cherry

le champignon
fungus

le chardon
thistle

le chêne
oak

l'érable
maple

le hêtre
beech

le lierre
ivy

la mousse
moss

l'ortie
nettle

le peuplier
poplar

le pin
pine

le sapin
fir

le saule
willow

le trèfle
clover

LA TERRE, LA MER ET LE CIEL | LAND, SEA, AND SKY

VOCABULAIRE

le paysage
landscape

le sol
soil

la boue
mud

l'eau
water

l'estuaire
estuary

l'air
air

l'atmosphère
atmosphere

la comète
comet

le lever du soleil
sunrise

le coucher du soleil
sunset

rural(e)
rural

urbain(e)
urban

polaire
polar

alpin(e)
alpine

tropical(e)
tropical

LA TERRE

la cascade
waterfall

la colline
hill

le désert
desert

l'étang
pond

la forêt
forest

le glacier
glacier

la grotte
cave

le lac
lake/loch

la lande
moorland

le marais
marsh

la montagne
mountain

la prairie
meadow

la rivière
river

les rochers
rocks *pl*

le ruisseau
stream

les terres cultivées
farmland

la vallée
valley

le volcan
volcano

LA MER

la côte
coast

les dunes
sand dunes *pl*

la falaise
cliff

la flaque d'eau de mer
rockpool

l'île
island

la péninsule
peninsula

LE CIEL

l'arc-en-ciel
rainbow

l'aurore boréale
aurora borealis

les étoiles
stars *pl*

la lune
moon

les nuages
clouds *pl*

le soleil
sun

LES FÊTES | CELEBRATIONS AND FESTIVALS

On aime tous se retrouver et faire la fête, peu importe l'occasion. Au Royaume-Uni, cela va souvent de pair avec un bon repas, la présence de ses proches et parfois même une coupe de champagne. Il existe également une grande richesse de coutumes et de traditions associées aux nombreux jours fériés et festivals qui rythment la vie britannique tout au long de l'année.

le gâteau d'anniversaire
birthday cake

la bougie
candle

le glaçage
icing

le présentoir à gâteau
cake stand

L'ESSENTIEL | THE BASICS

VOUS POUVEZ DIRE / ENTENDRE...

Félicitations !
Congratulations!

Bravo !
Well done!

À votre santé !
Cheers!

Joyeux anniversaire !
Happy birthday!

Bon anniversaire de mariage !
Happy anniversary!

Mes meilleurs vœux.
Best wishes.

Merci.
Thank you.

C'est très gentil de votre part.
You're very kind.

À vous aussi !
Cheers to you, too!

VOCABULAIRE

l'occasion
occasion

l'anniversaire
birthday

la fête d'anniversaire
birthday party

la fête surprise
surprise party

la célébration
celebration

les décorations
decorations *pl*

le jour férié
bank/public holiday

la fête religieuse
religious holiday

la bonne/mauvaise nouvelle
good/bad news

fêter
to celebrate

faire une fête
to throw a party

porter un toast
to toast

LE SAVIEZ-VOUS ?

Plus de cartes de vœux sont achetées par personne au Royaume-Uni que dans n'importe quel autre pays du monde.

les ballons
balloons *pl*

les banderoles
bunting

la boîte de chocolats
box of chocolates

le bouquet de fleurs
bouquet

le cadeau
gift

la carte de vœux
greetings card

le champagne
champagne

les confettis
confetti

la fête
party

les feux d'artifice
fireworks *pl*

le gâteau
cake

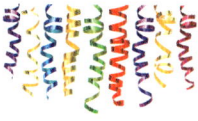
les serpentins
streamers *pl*

LES JOURS DE FÊTES | HIGH DAYS AND HOLIDAYS

En fonction du lieu de résidence au Royaume-Uni, il y a entre 8 et 10 jours fériés officiels par an.

VOUS POUVEZ DIRE / ENTENDRE...

Joyeuses Pâques !
Happy Easter!

Poisson d'avril !
April Fool!

VOCABULAIRE

la fête des mères
Mother's Day

la fête des pères
Father's Day

le premier mai
May Day

LE SAVIEZ-VOUS ?

Guy Fawkes Night est célébré le 5 novembre dans toute la Grande-Bretagne pour commémorer l'échec d'un complot contre le Parlement en 1605. À cette occasion, les Britanniques brûlent des effigies de Guy Fawkes dans des feux de joie et allument des feux d'artifice.

LES FÊTES BRITANNIQUES

le bal de danse traditionnelle
ceilidh

la danse irlandaise
Irish dancing

la danse Morris
Morris dancing

le festival gallois de littérature, musique et théâtre
Eisteddfod

la nuit de Guy Fawkes
Guy Fawkes Night

la nuit de Robert burns
Burns Night

LES AUTRES FÊTES

l'Aïd-el-Fitr
Eid-al-Fitr

Dipavali
Diwali

Halloween
Halloween

Hanoukka
Hanukkah

Holi
Holi

le Mardi gras
Shrove Tuesday

le Nouvel An chinois
Chinese New Year

la Pâque juive
Passover

Pâques
Easter

le premier avril
April Fool's Day

le ramadan
Ramadan

la Saint-Valentin
Valentine's Day

NOËL ET LE NOUVEL AN | CHRISTMAS AND NEW YEAR

Au Royaume-Uni, Noël est habituellement fêté le 25 décembre avec l'échange des cadeaux et un repas traditionnellement composé d'une dinde rôtie suivie d'un pudding de Noël. Certaines personnes assistent à la messe de minuit le 24 décembre, juste avant minuit. Boxing Day (le 26 décembre) est également un jour férié.

VOUS POUVEZ DIRE / ENTENDRE...

Joyeux Noël !
Merry Christmas!

Bonne année !
Happy New Year!

VOCABULAIRE

le réveillon de Noël **Christmas Eve**	l'Avent **Advent**	la carte de Noël **Christmas card**
le jour de Noël **Christmas Day**	le chant **carol**	le cadeau **present**
le 26 décembre **Boxing Day**	la messe de minuit **watch night service**	le jour de l'An **New Year's Day**

LE SAVIEZ-VOUS ?

La « pantomime » est une institution britannique. Traditionnellement mises en scène à la période de Noël, ces pièces de théâtre familiales s'inspirent de contes de fées traditionnels et mêlent chansons, danse et humour.

la boule de Noël
bauble

le calendrier de l'Avent
Advent calendar

la couronne
wreath

la crèche de Noël
Nativity scene

le diablotin
Christmas cracker

la guirlande de Noël
tinsel

les guirlandes lumineuses
Christmas lights *pl*

le papier cadeau
wrapping paper

le père Noël
Father Christmas/ Santa Claus

le pudding de Noël
Christmas pudding

le repas de Noël
Christmas dinner

le réveillon du Nouvel An
New Year's Eve/ Hogmanay

le sapin de Noël
Christmas tree

le spectacle de Noël
pantomime

la tartelette aux fruits secs
mince pie

LES ÉVÉNEMENTS DE LA VIE | LIFE EVENTS

Même si l'envoi d'un message électronique n'a jamais été aussi facile, il est extrêmement courant au Royaume-Uni d'envoyer des cartes de vœux pour marquer toutes sortes d'occasions et d'événements, qu'ils soient heureux ou tristes.

VOCABULAIRE

la naissance
birth

le mariage
marriage

le déménagement
relocation

le premier jour d'école
first day of school

l'anniversaire de mariage
wedding anniversary

la retraite
retirement

les 18 / 21 ans
18th/21st birthday

le divorce
divorce

l'enterrement
funeral

LE SAVIEZ-VOUS ?

Au Royaume-Uni, l'âge de la majorité était à 21 ans avant de passer à 18 ans en 1969. Il est courant d'organiser une fête pour marquer les 18 et les 21 ans d'une personne.

le baptême
baptism/christening

la bar-/bat-mitsva
bar/bat mitzvah

la fête prénatale
baby shower

les fiançailles
engagement

le mariage
wedding

la remise des diplômes
graduation

INDEX

FRANÇAIS

abdomen 196
abeille 228
Abribus® 31
abricot 78
abri de jardin 64
accessoires de mode 102
accordéon 158
acupuncture 214
addition 123
aéroport 40
agence de voyage 111
agence immobilière 111
agrafeuse 133
Aïd-el-Fitr 241
aigle 226
aiglefin 83
aiguille et fil 166
aiguilles à tricoter 166
ail 81
aile 22
airbag 29
aire de jeux 139
alarme 49
algues 155
alimentation 102
À L'INTÉRIEUR DU CORPS 198
allée 50, 66
alligator 223
allumettes 153
alouette 226
ambulance 206
ambulancier 193
ambulancière 193
AMPHIBIENS ET REPTILES 223
amphithéâtre 131
ampoule 49, 209
ananas 78
anchois 83
ancre 43
âne 221

anguille 230
animalerie 111
ANIMAUX ET OISEAUX DOMESTIQUES 219
ANIMAUX MARINS 230
anse 113
antenne 50
antenne parabolique 49
antigel 29
antivol 33
appareil dentaire 203
appareil photo 145
appareil photo compact 161
appareil photo reflex numérique 161
applique 53
appuie-tête 23
après-shampoing 94
aquarelle 165
aquarium 222
araignée 228
arbitre 169, 177
arbuste 66
arc-en-ciel 236
armoire 61
arrêt de bus 31
arrosoir 64
articulation 195
asperges 81
aspirateur 67
assiette 59
assiette de fromages, crudités et chutney 120
assistant dentaire 203

assistante dentaire 203
athlète 186
ATHLÉTISME 186
aubergine 81
aurore boréale 236
autoroute 25
AUTRES MAGASINS 111
AUTRES MAMMIFÈRES COURANTS 225
AUTRES SPORTS 189
autruche 226
avion 40
aviron 179
avocat 78
À VOTRE SUJET 9
badminton 176
bagagiste 150
baguette 89
baignoire 63
baignoire pour bébé 98
bain de bouche 94, 203
balai 67
balcon 45
bal de danse traditionnelle 240
baleine 230
balle de cricket 175
balle de golf 188
balle de squash 177
balle de tennis 177
ballet 147
ballon de foot 173
ballon de gym 170
ballon de plage 155

ballon de rugby 174
ballons 239
banane 69, 79
banc de musculation 170
bandage 93, 191, 210
bande dessinée 99
banderoles 239
BANQUE 135
baptême 244
bar 83, 123, 147
bar-mitsva 244
barbier 111
barque 44
barre de son 160
barre transversale 33
base-ball 189
basket-ball 189
baskets 107
basse 158
bassin 199
bat-mitsva 244
bâtons de marche 183
bâtons de ski 182
batte de cricket 175
batteur 54
baume à lèvres 95
bavoir 96
bec 217
beignet 88
beignets de légumes 118
belette 224
béquilles 206
beurre 90
biberon 97
bibliothèque 52, 131, 139

bidet 63
BIEN-ÊTRE 11
bière 76
bijouterie 111
billard 189
billet 19
billet de loterie 99
billets 136
binette 64
biscuits 76
bitte d'amarrage 43
blaireau 224
blanc 7
blanc de poulet 87
blanche 7
BLESSURES 208
bleu 209
bleu(e) 7
bloc-notes 133
blouson en cuir 34
blush 95
BMX 189
body 96
boisson gazeuse 76
boîte 138
boîte à couture 166
boîte à fusibles 49
boîte à gants 23
boîte aux lettres 138
boîte de chocolats 239
boîte de nuit 147
bol 59
bonbons 76
bonnet 106
bonnet de bain 179
bord du trottoir 25

245

bordereau d'envoi 138
borne d'urgence 29
bottes 34, 107
bottes en caoutchouc 64
bouche 195
BOUCHERIE 86
boucles d'oreille 106
boudoir 97
bouée 43
bouée de sauvetage 43
bougie 237
bouilloire 54
BOULANGERIE 88
bouleau 232
boule de Noël 242
boules 189
bouquet de fleurs 239
boussole 183
boutique de mode 111
boutique hors taxes 40
bouton d'or 231
boutons 166
bowling 163
bracelet 106
bras 196
brassards 179
bricolage 143
brie 91
brise-vent 155
brocoli 81
broderie 164
brosse à cheveux 95
brosse à dents 94, 203
brosse de toilettes 62
brouette 64
brûlure 209
bruyère 231
buffet 52
BUREAU 132
bureau 133

bureau de change 136
bureau de paris 111
BUREAU DE POSTE 137
burin 108
BUS 30
bus 31
bus à impériale 31
bus touristique 145
but 167
buts 173
cabillaud 84
cabine 41
cabine de plage 155
CABINET DENTAIRE 202
CABINET MÉDICAL 200
câbles de démarrage 29
cadeau 239
cadre 33
cafard 228
café 115, 139
café instantané 74
cafétéria 131
cafetière à piston 54
cage 222
cahier 99, 130
caisse 72
calamar 85
calandre 17
calculatrice 133
caleçon 104
calendrier de l'Avent 242
caméléon 223
camembert pané 118
caméra pour casque 34
camion du marchand de glaces 155
CAMPING 152

camping-car 153
campus 131
canal 43
canapé 53
canard 221
canne à pêche 179
canoë 44, 179
canot pneumatique 44
capot 22
car 31
carafe d'eau 123
caravane 153
carnet de croquis 165
carotte 81
carreaux 108
carrefour 25
carrelage 57
carrelet 84
cartable 130
carte 19, 99, 123, 183
carte à gratter 99
carte de crédit 72, 136
carte d'embarquement 41
carte de paiement 72, 136
carte de vœux 99, 239
carte magnétique 150
carte postale 100, 138
cartes 163
carte SD 161
carte SIM 128
carton jaune 173
carton rouge 173
cascade 234
caserne de pompiers 139
casier 170
casino 147
casque 33, 34, 160, 182, 184

casque de cricket 175
casquette 106
casserole 54
cassis 79
cathédrale 139, 145
caviste 111
céleri en branches 81
centre sportif 169
céréales 74, 116
cerf 224
cerise 79
cerisier 232
chaîne 33
chaise 123
chaise haute 98
CHAMBRE 60
chambre à deux lits 150
chambre double 151
chambre individuelle 151
chameau 225
champagne 239
champignon 81, 232
chanteur 158
chanteuse 158
chapeau de soleil 155
chardon 233
chargeur 128
chariot 72
chariot à bagages 41
chariot de service 37
chariot roulant 206
chat 220
château 145
château de sable 156
chatière 222
chaudière 49
chaussettes 104

chaussures à pointes 186
chaussons 107
chaussons de bébé 96
chaussures 102
chaussures à lacets 107
chaussures de boxe 184
chaussures de football 173
chaussures de randonnée 183
chaussures de ski 182
chaussures de snowboard 182
chauve-souris 224
cheddar 91
cheesecake 121
chef de train 37
chef d'orchestre 158
cheffe de train 37
cheminée 50, 53
chemise 104
chemisier 104
chêne 233
chenille 228
cheval 221
chevalet 165
cheveux 195
cheville 195
chèvre 221
chien 220
chien de berger 221
chiffon 67
chimpanzé 225
chips 76
chiropraxie 214
chocolat 76
chocolat chaud 115
chorale 158
chou de Bruxelles 81
chouette 226
chou-fleur 81
chou vert 81

chronomètre 186
cigare 100
cigarette 100
cigarette électronique 100
cinéma 147
cintre 60
ciseaux 133
ciseaux de couture 166
citron 79
citron vert 79
clapier 222
clarinette 158
classeur 133
classeur à anneaux 133
clavicule 199
clavier 159
clé 51
clé à molette 108
clé plate 108
clé USB 133
clignotant 22
cloporte 228
clôture 66
clous 108
club de golf 188
coccinelle 228
cochon 221
cochon d'Inde 220
cockpit 41
cocktail de crevettes 118
cocotte 54
coffre 22
coffre-fort 136, 151
coiffeuse 60
colis 138
collants 104
collerette 216
collier 106, 222
collier antipuces 216
colline 234
collyre 205
colombe 226
colonne vertébrale 199

combinaison de plongée 180
combi-pilote 96
comédie musicale 147
commissariat 139
commode 61
COMMUNICATION ET INFORMATIQUE 127
compost 110
comprimé 93, 191
compteur 49
compteur de vitesse 23
concert 148
concession automobile 111
concombre 81
condiments 123
CONDUITE 24
cône de signalisation 25
confettis 239
confiserie 100
confiture 74, 116
console de jeu 163
contact 23
contractuel 25
contractuelle 25
contrebasse 159
contrôleur 37
contrôleuse 37
cookie 88
coquelicot 231
coquillages 156
coquille Saint-Jacques 85
corbeau 226
corbeille à courrier 133
corbeille à pain 124
corde 141, 183
corde à linge 67
corde à sauter 171
cornemuse 159
corps 194

costume (trois-pièces) 104
côte 236
côtelette 87
côtes 87, 199
coton 97
coton-tige® 97
cou 196
couche 97
coude 197
couette 61
couffin 98
couloir 151
coup de soleil 209
coupe-bordures 64
coupure 209
courgette 81
couronne 242
course automobile 189
course de chevaux 189
course de haies 187
course de motos 189
court de tennis 177
couscous 74
cousin 228
coussin 53
couteau à fromage 124
couteau à poisson 124
couteau à viande 124
couteau de cuisine 54
couteau et fourchette 59
couverture 60
couveuse 213
crabe 85, 230
crampons 183
crâne 199
crapaud 223
cravate 104
crayon à papier 100, 130, 165

crayons de couleur 130
créations en papier 164
crèche de Noël 243
crème 90
crème anglaise 121
crème antiseptique 93, 210
crème hydratante pour bébé 97
crème pour le change 97
crème solaire 93, 156
crevette grise 85
crevette rose 85
cric 29
CRICKET 175
cricket 175
crochet 166
crocodile 223
croissant 89, 116
croque-monsieur 126
crumble 121
cubitus 199
cuillère 59
cuillère à café 59
cuillère en bois 55
CUISINE 54
cuisine 143
cuisse 196
culotte 104
cupcake 88
cure-dents 124
curling 182
cyclisme sur piste 189
cygne 226
daim 224
dames 163
danse irlandaise 240
danse Morris 240
dauphin 230
dé 163
déambulateur 207

dentier 203
dentifrice 94, 203
dentiste 203
dents 203
déodorant 94
dépanneuse 29
déplantoir 65
désert 234
désherbant 65
dessus-de-lit 60
détecteur de fumée 50
diablotin 243
dindon 221
Dipavali 241
diplomate 121
distributeur de billets 136
doigt 195
dominos 163
dos 197
dossier 134
double bande jaune 25
double toit 141
douche 63
douches 171
draps 60
drone 161
dunes 236
eau minérale 76
écharde 209
écharpe 107, 210
écharpe porte-bébé 98
échecs 163
éclair 89
éclairage 102
écluse 43
écographie 213
écographiste 213
économe 55
écouter de la musique 143
écouteurs 160
écran de contrôle 37
écrevisse 85
écrous et boulons 108
écureuil 224
écurie 222

247

édam 91
ÉDUCATION 129
église 140
égouttoir 57
électroménager 102
éléphant 225
enceinte Bluetooth® 160
encre 165
EN SOIRÉE 146
ENTRÉE 51
enveloppe 100, 138
enveloppe à bulles 138
EN VILLE 139
épaule 197
épices 74
épinards 82
épingle à nourrice 166
épingles 166
éponge 62
équipe 169
érable 233
éraflure 209
escabeau 109
escalade 189
escargot 228
escrime 185
ESSENTIEL 8, 18, 46, 70, 114, 142, 168, 192, 218, 238
essuie-glace 22
essuie-mains 62
essuie-tout 56
étagère 53
étang 234
étendoir 67
étoile de mer 230
étoiles 236
étourneau 226
étudiant 131
étudiante 131
étui à lunettes 205
étui pour lentilles de contact 205
ÉVÉNEMENTS DE LA VIE 244

évier 57
examen de la vue 205
eye-liner 95
fabrication de bijoux 164
falaise 236
FAMILLE ET AMIS 10
fard à paupières 95
farine 74
FAST-FOOD 125
faucon 226
fauteuil 53
fauteuil de dentiste 203
fauteuil pivotant 134
fauteuil roulant 207
fémur 199
fenêtre 45, 50
fer à repasser 67
ferme 47
ferry 44
FERRY ET BATEAU 42
fesses 197
festival gallois de littérature, musique et théâtre 240
feta 91
fête 239
fête foraine 148
fête prénatale 244
feux d'artifice 239
feux (de signalisation) 25
fiançailles 244
fil dentaire 203
filet 87, 177
film alimentaire 56
fines herbes 74
fish and chips 120, 126
flaque d'eau de mer 236

fléchettes 163
fleur de douche 62
fleuriste 111
fleurs 66
FLEURS, PLANTES ET ARBRES 231
flûte 159
flûte à champagne 59
fond de teint 95
fontaine 140
FOOTBALL 172
football américain 189
footballeur 173
forêt 234
fou de Bassan 226
fouet 55
four 57
fourche 65
fourmi 228
footballeur 173
footballeuse 173
fracture 209
fraise 79
fraise dentaire 203
framboise 79
frein 33
frein à main 23
friand à la saucisse 89
frites 119, 126
fromage blanc 91
fromage de chèvre 91
fromage frais à tartiner 91
front 195
front de mer 156
fruits à coque 76
FRUITS ET LÉGUMES 78
furet 220
galerie d'art 145
galets 155
gant de toilette 62
gants 107
gants de boxe 184

gants de gardien 173
gants de jardinage 65
gants de ski 182
gants en caoutchouc 68
gants en cuir 34
garage 29, 50
gardien de but 173
gardienne de but 173
gare 37
gâteau 239
gâteau au chocolat 121
gâteau aux dates 121
gâteau d'anniversaire 237
gecko 223
gel douche 94
gélule 93
gencives 203
génoise 121
genou 196
gilet 104
gilet de sauvetage 44, 180
gilet de sécurité 29
girafe 225
glaçage 237
glace 121
glacier 234
glacière 153
GOLF 188
gomme 134
gonfleur à pied 153
gorille 225
gouttes 93
gouttière 50
GPS 23
gradins 169
graines 110
GRAND MAGASIN 101
gratin de chou-fleur 119

grattoir à glace 29
grenouille 223
grenouillère 96
griffe 217
grille-pain 55
grive 226
groseille à maquereau 79
groseille rouge 79
gros orteil 195
GROSSESSE 212
grotte 235
grue 28
guêpe 229
guichet 37, 175
guichet automatique 37
guichets d'enregistrement 41
guide de voyage 145
guide touristique 145
guidon 33
guirlande de Noël 243
guirlandes lumineuses 243
guitare acoustique 159
guitare électrique 159
gymnastique 189
hachis parmentier 120
Halloween 241
haltère 171
haltérophilie 190
hamburger 126
hamster 220
hanche 197
Hanoukka 241
hareng 84
haricots blancs à la sauce tomate 119
haricots verts 82

248

harmonica 159
harpe 159
haut-parleurs 160
hélicoptère 41
hérisson 224
héron 227
hêtre 233
HEURE 14
hippopotame 225
hockey sur gazon 190
hockey sur glace 190
Holi 241
homard 85, 230
homéopathie 214
HÔPITAL 206
hôpital 140, 193
horaires 19
hot dog 126
HÔTEL 149
hôtel 140
hôtel de ville 140
huche à pain 56
huile d'olive 74
huile essentielle 215
huile végétale 69, 74
huître 85
humérus 199
hypnothérapie 215
iguane 223
île 236
immeuble 45
immeuble de bureaux 140
imperméable 105
imprimante 134
infirmier 193
infirmière 193
infirmière praticienne 201
infirmier praticien 201
institut de beauté 111
interphone 51
iris 231
jacinthe 231

jacinthe des bois 231
jambe 196
jambon 87
JARDIN 64
jardinage 143
JARDINERIE 110
jardinerie 110
jardinière 65, 110
jardin public 145
jauge d'essence 23
jaune 7
javelot 187
jean 105
jetée 155
jet-ski® 180
jeu de plateau 163
JEUX 162
jeux vidéo 143
jogging 143
jonquille 232
joue 195
jouets 102
joueur de rugby 174
joueur de tennis 177
joueuse de rugby 174
joueuse de tennis 177
journal 100
JOURS DE FÊTE 240
JOURS, MOIS, SAISONS 15
judo 185
juge de ligne 177
juge de touche 173
jupe 105
jus de fruit 76
jus d'orange 115
kangourou 225
karaoké 148
karaté 185
kayak 44, 180
kebab 126
ketchup 74
kettlebell 171

kick-boxing 185
kiwi 79
lac 235
laisse 222
lait 90, 115
lait maternisé 97
laitue 82
lampe de bureau 134
lampe de chevet 61
lampe torche 153
lancer de disque 187
lancer du poids 187
landau 98
lande 235
lapin 220
laque 95
lavabo 63
laverie 140
lave-vaisselle 68
lecteur de carte 72
lecteur DVD/Blu-ray® 52
lecture 143
legging 105
légumes cuits 119
lentilles de contact 205
lettre 138
levier de vitesse 23
lézard 223
libellule 229
librairie 111
lierre 233
lieu noir 84
lièvre 224
limace 229
limande-sole 84
lingerie 102
lingettes humides 97
lion 225
lit 61
lit d'hôpital 207
litière 222
lit-parapluie 98

lit pour bébé 98
lits superposés 60
livre de jeux 100
locomotive 37
lotte 84
louche 55
loutre 224
luge 182
lune 236
lunettes 205
lunettes de piscine 179
lunettes de soleil 156
lutte 185
lys 232
macareux 217, 227
machine à coudre 166
machine à laver 68
mâchoire 195
magasin caritatif 112
magasin d'ameublement 112
magasin d'antiquités 112
MAGASIN DE BRICOLAGE 108
magasin de chaussures 112
magasin de disques 112
magasin de jouets 112
magasin d'électroménager 112
magasin de produits diététiques 112
magasin de téléphonie 112
magasin discount 112
magazine 100
maillot de bain 156, 179

(maillot) deux-pièces 105, 156
maillot une-pièce 105, 156, 179
main 196
mairie 140
maïs 82
MAISON 48
maison de plain-pied 47
maison individuelle 47
maison jumelée 47
maison mitoyenne 47
maître de conférence 131
maître nageur 179
maître nageuse 179
MALADIES 211
MAMMIFÈRES 224
manchot 227
manette de jeu 163
mangue 79
manteau 105
manuel 130
maquereau 84
marais 235
marchand 77
MARCHAND DE JOURNAUX 99
marchande 77
MARCHÉ 77
marché 77
marche à pied 143
Mardi gras 241
margarine 90
mariage 244
marmelade 74, 116
marteau 109
martin-pêcheur 227
mascara 95
masque à oxygène 207
masque de ski 182

massage 215
massage shiatsu 215
match de football 173
matelas 61
matelas gonflable 153
mayonnaise 74
mécanicien 29
mécanicienne 29
médaille 169
médecin 193
MÉDECINES ALTERNATIVES 214
médecine traditionnelle chinoise 215
médecin généraliste 201
médicaments 93, 193
méditation 215
méduse 230
mêlée 174
melon 79
MÉNAGE 67
menton 195
menuiserie 164
mer 155
meringue 121
merle 227
MÉTÉO 16
mètre ruban 166
métro 37
métro léger 37
meuble de salle de bains 63
meubles 102
meuble TV 52
micro-ondes 57
miel 75
minerve 210
minibar 151
minibus 31
miroir 61, 63
mobile 98
mode 102
modélisme 164
moineau 227

mollet 197
montagne 235
montre 107
monture 205
monument 145
mosquée 140
MOTO 34
moto 34
mouche 229
moucheron 229
mouchoirs 93
mouette 227
moufles 96
moule 85
moulin à poivre 58
mousqueton 183
mousse 233
mousse à raser 94
moustique 229
moutarde 75
mouton 221
mozzarella 91
muesli 116
muffin 89
mûre 80
musée 145
musicien 158
musicienne 158
MUSIQUE 157
myrtille 80
nappe 124
nappe de pique-nique 153
navet 82
nectarine 80
netball 190
nez 195
niche 222
nichoir 66
niveau à bulle 109
NOËL ET LE NOUVEL AN 242
noir(e) 7
nouilles 75, 126
nourriture pour animaux 222
nourriture pour bébé 97

Nouvel An chinois 241
nuages 236
nuit de Guy Fawkes 240
nuit de Robert Burns 240
objectif 161
objet décoratif 53
œil 195
œillet 232
œuf 90
œuf à la coque 116
œufs brouillés 116
office de tourisme 145
officiel 169
officielle 169
oie 221
oignon 82
OISEAUX 226
olives 118
ongle 195
ongle de pied 195
opéra 148
OPTICIEN 204
opticien 112, 205
opticienne 205
orange 80
orchestre 158
orchidée 232
ordinateur 128
ordinateur portable 134
oreille 195
oreiller 61
orque 230
orteil 195
ortie 233
ostéopathie 215
ours 225
oursin 230
ouvre-boîte 55
pagaie 180
pain 69
pain à l'ail 118
pain grillé 116
palais des congrès 140

palette 165
palmes 181
pamplemousse 80
pancake 89
pancarte « prière de ne pas déranger » 151
panier 69, 72
panier à linge 61
panier de transport 216
panier pour chien 222
panier suspendu 110
PANNES DE VOITURE 27
panse de brebis farcie 120
pansement 210
pansement adhésif 93, 191, 210
pantalon 105
pantalon de ski 182
pantalon de survêtement 105
paon 227
papier 131, 165
papier aluminium 57
papier cadeau 243
papier peint 109
papier toilette 62
papillon 229
papillon de nuit 229
paquebot 44
Pâque juive 241
pâquerette 232
Pâques 241
parapluie 7
parasol 110, 156
parc 145
parcmètre 25
pare-brise 22
pare-chocs 22
parking 25

parmesan 91
paroi de douche 63
partition 158
passage à niveau 25
passage pour piétons 25
passeport 41
passerelle 44
passoire 55
pastels 165
pastèque 80
pastille 93
pâté 118
pâte à tartiner 116
pâtes 75
patient 193
patiente 193
patinage 182
patins à glace 182
paume 195
péage 25
pêche 80, 180
pédale 33
peigne 95
peinture 109
peinture à l'huile 165
pélican 227
pelle 65, 68
pelote de laine 166
pelouse 66
péniche 44
péninsule 236
pensée 232
perce-oreille 229
perceuse électrique 109
père Noël 243
perforatrice 134
perfusion 207
péroné 199
perroquet 220
perruche 220
PETIT-DÉJEUNER 115
petit-déjeuner anglais 116

petite crêpe épaisse 89
PETITES BÊTES 228
petit pain 89
petit pain aux fruits secs 89
petits pois 82, 119
peuplier 233
phare 22
phare arrière 33
phare avant 33
PHARMACIE 92
pharmacie 193
pharmacien 193
pharmacienne 193
phoque 230
photocopieuse 134
PHOTOGRAPHIE 161
phytothérapie 215
piano 159
pied 196
pieuvre 230
pigeon 227
pignon 50
pilote 41
piment 82
pin 233
pince 109
pince à épiler 210
pinceau 109, 165
pinces à linge 68
pinson 227
piolet 183
pions 163
piquet 141
piqûre 209
piscine 179
piste 41, 187
piste de ski artificielle 182
pizza 126
placard 57
place de parking 26
place de parking pour handicapé 26

PLAGE 154
plan 145
planche à découper 55
planche à repasser 68
planche à voile 180
planche de surf 180
plan de travail 57
plante à repiquer 110
plante du pied 195
plaque chauffante 57
plaque de cuisson 55
plaque d'immatriculation 22
plat de service 58
platine 160
plâtre 207
plongeoir 179
pneu 22, 33
poche de glace 210
podium 169
poêle 55
poêle à bois 50
poignet 195
points de suture 207
poire 80
poireau 82
POISSONNERIE 83
poisson rouge 220
poisson tropical 220
poitrine 196
poivre 75
poivron rouge 82
pomme 80
pomme de terre 82, 119
pompe à essence 26
pompe à vélo 33

poney 220
pont 26
pop-corn 76
porridge 116
port 44
portail 50, 66
porte-bagages 37
porte d'entrée 50
portefeuille 107
porte-monnaie 107
portes coulissantes 37
porte-serviettes 63
portière 22
portillon 37
poste d'aiguillage 38
postier 138
postière 138
post-it® 134
pot 98
pot de fleurs 65, 66
poteaux de rugby 174
poterie 164
poubelle 68
poubelle à pédale 57
pouce 195
poudre 95
poulet 221
poulet tikka massala 120
poussette 98
prairie 235
premier avril 241
présentoir à gâteau 237
presse-purée 55
produits de beauté 102
produits de toilette 151
PRODUITS FRAIS ET LAITIERS 90
PRODUITS POUR BÉBÉ 96
protège-dents 185

protège-tibias 173, 175
prune 80
pudding de Noël 243
pull 105
punching-ball 185
purée 119
putter 188
puzzle 163
pyjama 105
quai 38
queue 217
quiche 118
radar 122
radiateur 50
radiateur électrique 50
radio 52, 207
radius 199
ragoût du Lancashire 120
ragoût de mouton 120
raisin 80
rallonge 50
ramadan 241
ramasseur de balles 177
ramasseuse de balles 177
rames 180
rameur 171
râpe 55
raquette de badminton 176
raquette de squash 177
raquette de tennis 177
rasoir 94
rat 220
réception 151
réceptionniste 151
réchaud à gaz 153
red leicester 91
réflexologie 215
réfrigérateur-congélateur 57

regarder la télévision/des films 143
règle 131
remise de diplômes 244
renard 224
REPAS 122
repas de Noël 243
repose-pied 53
répulsif à insectes 93
requin 230
RESTAURANT 122
restaurant 148
rétroviseur 23
rétroviseur latéral 22
réveil 61
réveillon du Nouvel An 243
rhinocéros 225
rhubarbe 80
rideau 52, 61
ring 185
rivière 235
riz 75, 119
riz au lait 121
robe 105
robe de chambre 106
robinet 57, 63
robot ménager 56
rochers 235
rond central 167
rondelles d'oignons frits 119
rond-point 26
rose 232
rôti 87
rôti avec des légumes 120
rotule 199
roue 22, 33
roue de secours 29
roue pour hamster 222

251

rouge 7
rouge à lèvres 95
rouge-gorge 227
rouleau à pâtisserie 56
rouleau à peinture 109
route 26
routeur sans fil 128
ruban adhésif 134, 210
ruban adhésif
 (d'emballage) 138
RUGBY 174
rugby 174
ruisseau 235
sac à dos 153, 183
sac à langer 97
sac à main 107
sac de couchage 153
sac de golf 188
sac en papier 72
sachets de thé 75
sac plastique 72
sac réutilisable 72
sage-femme 213
Saint-Valentin 241
salade de chou cru 119
salade verte 119
saladier 56, 58
salière 58
SALLE À MANGER 58
salle d'accouchement
 213
salle d'attente 201
SALLE DE BAINS 62
SALLE DE SPORT 170
salle d'examen 201
salle d'opération 207
SALON 52
salon de coiffure 112
salon de jardin 66, 110
sandales 107
sandwich (au pain de
 mie) 126
sandwich (baguette)
 126
sapin 233
sapin de Noël 243
sardine 84
sauce en bocal 75
saucière 58
saucisse 87
saucisse purée 120
saucisson 87

saule 233
saumon 84
saumon fumé 118
saut à la perche 187
saut d'obstacles 190
saut en hauteur 187
saut en longueur 187
sauterelle 229
savon 63
savon liquide 94
saxophone 159
scanner 134
scarabée 229
scie 109
scone 89
seau 68
seau et pelle 156
sécateur 65
sèche-cheveux 61
sèche-linge 68
sel 75
sel et poivre 124
selle 33
seringue 191, 201
serpent 223
serpentins 239
serpillière 68
serre 65
serveur 124
serveuse 124
service hospitalier 207
serviette 58, 124
serviette de bain 63
serviette de plage 156
serviette hygiénique
 94
shampoing 94
shopping 143
short 106
siège bébé 98
sifflet 173
signe lumineux 17
singe 225
sirop contre la toux 93
skateboard 190
ski nautique 180
skis 183
smartphone 128
smoothie 115
snowboard 183
soleil 236
sonnette 33, 51

soucoupe 113
soupe 118
soupe de petits pois
 au jambon 120
souris 224
soutien-gorge 106
spatule 56
spectacle comique
 148
spectacle de Noël 243
spectateurs 169
spiritueux 76
sport 143
sportif 169
sportive 169
SPORTS DE COMBAT
 184
SPORTS DE RAQUETTE
 176
SPORTS D'HIVER 181
SPORTS NAUTIQUES
 178
spot 57
squash 177
stade 169
starting-block 187
station de lavage 26
station-service 26
steak 87
steak haché 87
sternum 199
stéthoscope 201
Stilton® 91
store vénitien 53
stylo 100, 131, 165
sucre 75
sucre glace 75
SUPERMARCHÉ 73
surf 180
surface de réparation
 167
sushis 126
sweat-shirt 106
synagogue 140
table 124
tableau 53
tableau blanc 131
tableau d'affichage
 169
tableau de bord 23
tableau des départs
 38, 41

table basse 53
table d'acuité visuelle
 205
table de chevet 61
table d'examen 201
tablette 128
tablier 57
taekwondo 185
taille-crayon 131
talc 97
talon 195
talons hauts 107
tambour 159
tambourin 159
tamis 56
tampon 94
tampon à récurer 68
tapis 53, 61
tapis de bain 63
tapis de course 171
tapis de sol 141
tarte aux pommes 121
tarte Bakewell 121
tartelette aux fruits
 secs 243
tasse 113
tasse et soucoupe 59
taupe 224
taureau 221
taux d'échange 136
taxi anglais 17
tee 188
télécommande 53
téléphone 134
télévision 53
tennis 177
tennis de table 190
tensiomètre 201
tente 141, 153
terrain de football 167,
 173
terrain de rugby 174
terrasse 66
terrasse en bois 65
TERRE, MER ET CIEL
 234
terres cultivées 235
test de grossesse 213
tête 196
tétine 98
théâtre 148
thé au lait 113, 115

thé de l'après-midi 110
théière 56
thermomètre 201
thermostat 50
thon 84
tibia 196, 199
ticket de caisse 72
tigre 225
timbre 100, 138
tir 190
tir à l'arc 190
tire-bouchon 56
tiroir 61
tissu 166
tissus d'ameublement 102
toast au fromage 120
toile 165
toilettes 63
toit 22, 45, 50
tomate 82
tondeuse à gazon 65
tongs 156
torchon (à vaisselle) 68
tortue 223
tortue marine 223
tour 47
TOURISME 144
tournesol 232
tournevis 109
tourte à la viande 89

tourte à la viande de bœuf et aux rognons 120
train 38
tramway 38
transat 155
TRANSPORT AÉRIEN 39
TRANSPORT FERROVIAIRE 35
TRAVAIL 12
TRAVAUX MANUELS 164
trèfle 233
treillis 66
trépied 161
triangle de signalisation 29
triathlon 190
tribunal 140
triton 223
trombone 134, 160
trompette 160
trophée 169
trottoir 26
trousse 131
trousse de secours 191, 193
truite 84
t-shirt 106
tuba 160
tulipe 232
tunnel 26
turbot 84

tuyau d'arrosage 65
tuyau d'écoulement 50
urgences 207
ustensiles de cuisine 102
vache 221
valise 41
vallée 235
VÉLO 32
vélo d'appartement 171
vélo elliptique 171
ver de terre 229
vernis à ongles 95
verre 59
verre à pied 59
verre à vin 124
verre mesureur 56
vert(e) 7
vertèbres 199
veste 106
veste de ski 183
vestiaire 171
VÊTEMENTS ET CHAUSSURES 103
VÉTÉRINAIRE 216
viande hachée 87
vide-grenier 77
viennoiserie danoise 89
vin 76

vinaigre 75, 124
violon 160
violoncelle 160
vis 109
visage 196
vitesses 33
vitre 22
vitrine 53
voie 26, 38
voile 180
voilier 44
VOITURE 20
voiture 38
voiture couchettes 38
voiture-restaurant 38
voiturette de golf 188
volant 23, 176
volcan 235
volley-ball 190
voyages 143
water-polo 190
wensleydale 91
wok 56
wrap 126
xylophone 160
yacht 44
yaourt 90, 116
Yorkshire pudding 119
zone de retrait des bagages 41

ANGLAIS

A&E 207
abdomen 196
ABOUT YOU 9
accessible parking space 26
accessories 102
accordion 158
acoustic guitar 159
acupuncture 214
adhesive tape 210
Advent calendar 242
aerial 50
aeroplane 40
afternoon tea 110
airbag 29
air bed 153
airport 40
AIR TRAVEL 39
alarm clock 61
alligator 223
ALTERNATIVE THERAPIES 214
aluminium foil 57
ambulance 206
American football 189
AMPHIBIANS AND REPTILES 223
anchor 43
anchovy 83
ankle 195
ant 228
antifreeze 29
antique shop 112
antiseptic cream 93, 210
apple 80
apple pie 121
apricot 78
April Fool's Day 241
apron 57
aquarium 222
archery 190
arm 196

armbands 179
armchair 53
art gallery 145
ARTS AND CRAFTS 164
asparagus 81
assistant referee 173
athlete 186
ATHLETICS 186
ATM 136
aubergine 81
aurora borealis 236
avocado 78
baby bath 98
baby food 97
BABY GOODS 96
babygro® 96
baby lotion 97
baby's bottle 97
baby seat 98
baby shower 244
baby sling 98
back 197
bacon 87
badger 224
badminton 189
badminton racket 176
baggage reclaim 41
bagpipes 159
baguette 89
baked beans 119
BAKERY 88
bakewell tart 121
baking tray 55
balcony 45
ball boy 177
ballet 147
ball girl 177
ball of wool 166
balloons 239
banana 69, 79
bandage 93, 191, 210
BANK 135
banknotes 136

baptism 244
bar 123, 147
barber's 111
bar mitzvah 244
baseball 189
baseball cap 106
BASICS 8, 18, 46, 70, 114, 142, 168, 192, 218, 238
basket 69, 72
basketball 189
bass guitar 158
bat 224
bath 63
bath mat 63
BATHROOM 62
bath towel 63
bat mitzvah 244
bauble 242
BEACH 154
beach ball 155
beach hut 155
beach towel 156
beak 217
bear 225
beauty salon 111
bed 61
bedding plant 170
BEDROOM 60
bedside lamp 61
bedside table 61
bee 228
beech 233
beer 76
beetle 229
bell 33
belt 106
bib 96
BICYCLE 32
bidet 63
big toe 195
bike lock 33
bikini 105, 156
bill 123
birch 232
birdbox 66
BIRDS 226
birthday cake 237

biscuits 76
black 7
blackberry 80
blackbird 227
black cab 17
blackcurrant 79
blanket 60
blister 209
block of flats 45
blood pressure monitor 201
blouse 104
blue 7
bluebell 231
blueberry 80
Bluetooth® speaker 160
Blu-ray® player 52
blusher 95
BMX 189
board game 163
boarding card 41
BODY 194
boiled egg 116
boiler 49
bonnet 22
bookcase 52
bookmaker's 111
bookshop 111
boot 22
bootees 96
boots 34, 107
bouquet 239
boutique 111
bowl 59
bowling 163
bowls 189
box 138
boxer shorts 104
boxing gloves 184
boxing ring 185
boxing shoes 184
box of chocolates 239
bra 106
bracelet 106
braces 203
brake 33

bread 69
bread basket 124
bread bin 56
breaded camembert 118
(bread) roll 89
BREAKFAST 115
breakfast cereal 74, 116
breastbone 199
bridge 26
brie 91
broccoli 81
bruise 209
brush 67
Brussels sprouts 81
bucket 68
bucket and spade 156
budgerigar 220
bull 221
bumper 22
bun 89
bungalow 47
bunk beds 60
bunting 239
buoy 43
bureau de change 136
burger 87, 126
burn 209
Burns Night 240
BUS 30
bus 31
bus shelter 31
bus stop 31
BUTCHER'S 86
butter 90
buttercup 231
butterfly 229
buttocks 197
buttons 166
cabbage 81
cabin 41
cabinet 63
café 139
cafeteria 131
cafetière 54

cage 222
cake 239
cake stand 237
calculator 133
calf 197
camel 225
camera 145
camera lens 161
CAMPING 152
camping stove 153
campus 131
canal 43
canal boat 44
candle 237
canoe 44
canoeing 179
canvas 165
CAPSULE 93
CAR 20
carabiner clip 183
caravan 153
car-boot sale 77
cardigan 104
card reader 72
cards 163
carnation 232
car park 25
carriage 38
carrot 81
car showroom 111
CAR TROUBLE 27
car wash 26
casino 147
casserole dish 54
castle 145
cat 220
caterpillar 228
catflap 222
cathedral 139, 145
cauliflower 81
cauliflower cheese 119
cave 235
ceilidh 240
celery 81
cello 160
centre circle 167
chain 33
chair 123
chameleon 223
champagne 239
champagne flute 59

changing bag 97
changing room 171
charger 128
charity shop 112
check-in desk 41
cheddar 91
cheek 195
cheesecake 121
cheese knife 124
cherry 79, 232
chess 163
chest 196
chest of drawers 61
chicken 221
chicken breast 87
chicken tikka masala 120
chilli 82
chimney 50
chimpanzee 225
chin 195
Chinese New Year 241
chips 119, 126
chiropractic 214
chisel 108
chocolate 76
chocolate cake 121
chocolate spread 116
choir 158
chop 87
chopping board 55
christening 244
CHRISTMAS AND NEW YEAR 242
christmas cracker 243
Christmas dinner 243
Christmas lights 243
Christmas pudding 243
Christmas tree 243
church 140
cigar 100
cigarette 100
cinema 147
city map 145
clarinet 158
cliff 236
climbing 189
clingfilm 56
cloth 67
clothes horse 67

clothes pegs 68
CLOTHING AND FOOTWEAR 103
clouds 236
clover 233
coach 31
coast 236
coat 105
coat hanger 60
cockpit 41
cockroach 228
cod 84
coffee 115
coffee table 53
colander 55
coleslaw 119
collar 222
collarbone 199
colouring pencils 130
comb 95
COMBAT SPORTS 184
comedy show 148
comic book 99
COMMUNICATION AND IT 127
compact camera 161
compass 183
compost 110
computer 128
concert 148
condiments 123
conditioner 94
conductor 37, 158
conference centre 140
confetti 239
confectionery 100
contact lens case 205
contact lenses 205
cooked vegetables 119
cookie 88
cooking 143
cooking sauce 75
cool box 153
corkscrew 56
corridor 151
cosmetics 102
cot 98
cottage cheese 91
cottage pie 120
cotton bud 97
cotton wool 97

cough mixture 93
counters 163
courgette 81
courthouse 140
couscous 74
cow 221
crab 85, 230
crampons 183
crane 221
crayfish 85
cream 90
cream cheese 91
credit card 72, 136
CRICKET 175
cricket 175
cricket ball 175
cricket bat 175
cricket helmet 175
crisps 76
crochet hook 166
crocodile 223
croissant 89, 116
crumble 121
crumpet 89
crutches 206
cross trainer 171
crossbar 33
crow 226
crumble 121
crumpet 89
crutches 206
cucumber 81
cup 113
cup and saucer 59
cupboard 57
cupcake 88
curling 182
curtain 52
curtains 61
cushion 53
custard 121
cut 209
daddy longlegs 228
daffodil 232
daisy 232
Danish pastry 89
darts 163
dashboard 23
DAYS, MONTHS, AND SEASONS 15
debit card 72, 136
deckchair 155
decking 65

255

deer 224
delivery card 138
dental floss 203
dental nurse 203
dentist 203
dentist's chair 203
dentist's drill 203
DENTIST'S SURGERY 202
dentures 203
deodorant 94
DEPARTMENT STORE 101
departure board 38, 41
desert 234
desk 130
desk lamp 134
detached house 47
dice 163
DINING ROOM 58
discount store 112
discus 187
dishwasher 68
display cabinet 53
diving board 179
Diwali 241
DIY 143
DIY STORE 108
doctor 193
DOCTOR'S SURGERY 200
dog 220
dog basket 222
dolphin 230
DOMESTIC ANIMALS AND BIRDS 219
dominoes 163
donkey 221
"do not disturb" sign 151
door 22
doorbell 51
double bass 159
double decker bus 31
double room 151
double yellow lines 25
doughnut 88
dove 226
dragonfly 229
draining board 57
drainpipe 50

draughts 163
drawer 57, 61
dress 105
dressing 210
dressing gown 106
dressing table 60
drip 207
driveway 50
DRIVING 24
drone 161
drops 93
drum 159
dry ski slope 182
DSLR camera 161
duck 221
dumbbell 171
dummy 98
dustbin 68
dustpan 68
duty-free shop 40
duvet 61
DVD player 52
eagle 226
ear 195
earphones 160
earrings 106
earthworm 229
earwig 229
easel 165
Easter 241
EATING OUT 122
e-cigarette 100
éclair 89
E-collar 216
edam 91
EDUCATION 129
eel 230
egg 90
Eid-al-Fitr 241
Eisteddfod 240
elbow 197
electrical goods 102
electrical retailer 112
electric drill 109
electric guitar 159
elephant 225
embroidery 164
emergency phone 29
engagement 244
ENTRANCE 51
envelope 100, 138

eraser 130
essential oil 215
estate agency 111
evenings out 146
examination room 201
examination table 201
exchange rate 136
exercise bike 171
exercise book 130
extension cable 50
eye 195
eye chart 205
eye drops 205
eyeliner 95
eyeshadow 95
eye test 205
fabric 166
fabric scissors 166
face 196
face cloth 62
farmhouse 47
farmland 235
fashion 102
FAST FOOD 125
father Christmas 243
femur 199
fence 66
fencing 185
ferret 220
ferry 44
FERRY AND BOAT TRAVEL 42
feta 91
fibula 199
file 134
filing cabinet 133
filled baguette 126
fillet 87
finch 227
finger 195
fingernail 195
fir 233
fireplace 53
fire station 139
fireworks 239
first-aid kit 191, 193
fish and chips 120, 126
fishing 180
fishing rod 179
fish knife 124
FISHMONGER'S 83

FITNESS 170
fizzy drink 76
flea collar 216
flip flops 156
flippers 179
florist's 111
flour 74
flowerpot 66
flowers 66
FLOWERS, PLANTS, AND TREES 231
flute 159
fly 229
flysheet 141
food and drink 102
food processor 56
foot 196
FOOTBALL 172
football 173
football boots 173
football match 173
football pitch 167, 173
football player 173
foot pump 153
footstool 53
footwear 102
forehead 195
forest 234
formula milk 97
foundation 95
fountain 140
fox 224
fracture 209
frame 33
frames 205
FRESH AND DAIRY PRODUCTS 90
fridge-freezer 57
FRIENDS AND FAMILY 10
frog 223
front door 50
front light 33
FRUIT AND VEGETABLES 78
fruit juice 76
frying pan 55
fuel gauge 23
fuel pump 26
full English breakfast 116
funfair 148

fungus 232
furniture 102
furniture store 112
fusebox 49
gable 50
game controller 163
GAMES 162
games console 163
gaming 143
gangway 44
gannet 226
garage 29, 50
GARDEN 64
GARDEN CENTRE 110
garden centre 110
garden fork 65
garden furniture 66, 110
garden hose 65
gardening 143
gardening gloves 65
gardens 145
garden shed 64
garlic 81
garlic bread 118
gate 50, 66
gears 33
gearstick 23
gecko 223
GENERAL HEALTH AND WELLBEING 11
gift 239
giraffe 225
glacier 234
glasses 205
glasses case 205
glove compartment 23
gloves 107
goal 167, 173
goalkeeper 173
goalkeeper's gloves 173
goat 221
goat's cheese 91
goggles 179
goldfish 220
GOLF 188
golf bag 188
golf ball 188
golf buggy 188
golf club 188

goose 221
gooseberry 79
gorilla 225
GP 201
graduation 244
grapefruit 80
grasshopper 229
grater 55
gravy boat 58
graze 209
green 7
green beans 82
greenhouse 65
green salad 119
greetings card 99, 239
grille 17
groundsheet 141
guard 37
guidebook 145
guinea pig 220
gull 227
gums 203
Guy Fawkes Night 240
guy rope 141
gym ball 170
gymnastics 189
haddock 83
haggis 120
hair 195
hairbrush 95
hairdresser's 112
hairdryer 61
hairspray 95
Halloween 241
ham 87
hammer 109
hamster 220
hamster wheel 222
hand 196
handbag 107
handbrake 23
handle 113
handlebars 33
hand mixer 54
hand towel 62
handwash 94
hanging basket 110
harbour 44
hare 224

harp 159
hawk 226
head 196
headguard 184
headlight 22
headphones 160
headrest 23
health food shop 112
heater 50
heather 231
hedgehog 224
heel 195
helicopter 41
helmet 33, 34
helmet cam 34
herbal medicine 215
herbs 74
heron 227
herring 84
highchair 98
HIGH DAYS AND HOLIDAYS 240
high heels 107
high jump 187
high-rise block 47
hill 234
hip 197
hippopotamus 225
hi-viz vest 29
hob 57
hockey 190
hoe 64
Hogmanay 243
hole punch 134
Holi 241
homeopathy 214
honey 75
horse 221
horse racing 189
HOSPITAL 206
hospital 140, 193
hospital bed 207
hospital trolley 206
hot chocolate 115
hot dog 126
HOTEL 149
hotel 140
HOUSE 48
HOUSEWORK 67
humerus 199
hurdles 187

hutch 222
hyacinth 231
hypnotherapy 215
ice axe 183
ice cream 121
ice-cream van 155
ice hockey 190
ice pack 210
(ice) scraper 29
ice skates 182
icing 237
icing sugar 75
ignition 23
iguana 223
ILLNESS 202
inflatable 44
incubator 213
indicator 22
in/out tray 133
INJURY 208
ink 165
insect repellent 93
INSIDE THE BODY 198
instant coffee 74
intercom 51
IN TOWN 139
iris 231
Irish dancing 240
Irish stew 120
iron 67
ironing board 68
island 236
ivy 233
jack 29
jacket 106
jam 74, 116
javelin 187
jaw 195
jeans 105
jellyfish 230
jetski® 180
jeweller's 111
jewellery-making 164
jigsaw puzzle 163
jogging 143
jogging bottoms 105
joint 87
jug of water 123
jumper 105
jump leads 29

257

junction 25
kangaroo 225
karaoke 148
karate 185
kayak 44
kayaking 180
kebab 126
kennel 222
kerb 25
ketchup 74
kettle 54
kettle bell 171
key 51
keyboard 159
key card 150
kickboxing 185
killer whale 230
kingfisher 227
KITCHEN 54
kitchen knife 54
kitchen roll 56
kitchenware 102
kiwi fruit 79
knee 196
kneecap 199
knife and fork 59
knitting needles 166
knuckle 195
labour suite 213
lace-up shoes 107
ladle 55
ladybird 228
lake 235
Lancashire hotpot 120
LAND, SEA, AND SKY 234
lane 26
laptop 134
lark 226
laundrette 140
laundry basket 61
lawn 66
lawnmower 65
lead 222
leather gloves 34
leather jacket 34
lecture hall 131
lecturer 131
leek 82
leg 196
leggings 105

leg pads 175
leisure centre 169
lemon 79
lemon sole 84
letter 138
lettuce 82
level crossing 25
library 131, 139
LIFE EVENTS 244
lifebuoy 43
lifeguard 179
lifejacket 44, 180
light 17
light bulb 49
lighting 102
light railway 37
lily 232
lime 79
line judge 177
liner 44
lingerie 102
lion 225
lip balm 95
lipstick 95
listening to music 143
litter tray 222
lizard 223
lobster 85, 230
loch 235
lock 43
locker 170
locomotive 37
long jump 187
lottery ticket 99
LOUNGE 52
lozenge 93
luggage rack 37
luggage trolley 41
mackerel 84
magazine 100
MAIN MEALS 117
MAMMALS 224
mango 79
map 19, 99, 183
maple 233
margarine 90
MARINE CREATURES 230
MARKET 77
marketplace 77
market trader 77

marmalade 74, 116
marsh 235
mascara 95
mashed potato 119
masher 55
massage 215
matches 153
mattress 61
mayonnaise 74
meadow 235
measuring jug 56
meat pie 89
mechanic 29
medal 169
medicine 93, 193
meditation 215
melon 79
menu 123
meringue 121
meter 49
metro 37
microwave 57
midge 229
midwife 213
milk 90, 115
mince 87
mince pie 243
mineral water 76
minibar 151
minibus 31
MINIBEASTS 228
mirror 61, 63
mittens 96
mixing bowl 56
mobile 98
model-making 164
mole 224
monitor 207
monkey 225
monkfish 84
monument 145
moon 236
mooring 43
moorland 235
mop 68
Morris dancing 240
Moses basket 98
mosque 140
mosquito 229
moss 233
moth 229

MOTORBIKE 34
motorbike 34
motorcycle racing 189
motorhome 153
motor racing 189
motorway 25
mountain 235
mouse 224
mouth 195
mouthguard 185
mouth organ 159
mouthwash 94, 203
mozzarella 91
muesli 116
muffin 89
museum 145
mushroom 81
MUSIC 157
musical 147
musician 158
mussel 85
mustard 75
nails 108
nail varnish 95
napkin 58, 124
nappy 97
nappy cream 97
Nativity scene 243
neck 196
neck brace 210
necklace 106
nectarine 80
needle and thread 166
net 177
netball 190
nettle 233
NEWSAGENT 99
newspaper 100
New Year's Eve 243
newt 223
nightclub 147
noodles 75, 126
nose 195
notebook 99
notepad 133
number plate 22
nurse 193
nuts 76
nuts and bolts 108
oak 233
oars 180

258

octopus 230
OFFICE 132
office block 140
official 169
off-licence 111
oil paint 165
olive oil 74
olives 118
onion 82
onion rings 119
opera 148
operating theatre 207
optician 205
OPTICIAN'S 204
optician's 112
orange 80
orange juice 115
orchestra 158
orchid 232
ornament 53
osteopathy 215
ostrich 226
OTHER SHOPS 111
OTHER SPORTS 189
otter 224
oven 57
owl 226
oxygen mask 207
oyster 85
package 138
padded envelope 138
paddle 180
paint 109
paintbrush 109, 165
paint roller 109
pakora 118
palette 165
palm 195
pancake 89
pansy 232
pantomime 243
pants 104
paper 131, 165
paper bag 72
paper clip 134
papercrafts 164
paramedic 193
parasol 110, 156
parcel tape 138
park 140
parking meter 25

parking space 26
parmesan 91
parrot 220
party 239
Passover 241
passport 41
pasta 75
pastels 165
pâté 118
path 66
patient 193
patio 66
pavement 26
pea and ham soup 120
peach 80
peacock 227
pear 80
peas 82, 119
pedal 33
pedal bin 57
peeler 55
pelican 227
pelvis 199
pen 131, 165
penalty box 167
pencil 100, 130, 165
pencil case 131
penguin 227
peninsula 236
pepper 75
pepper mill 58
pet carrier 216
pet food 222
petrol station 26
pet shop 111
pharmacist 193
PHARMACY 92
pharmacy 193
phone shop 112
photocopier 134
PHOTOGRAPHY 161
piano 159
picnic blanket 153
picture 53
pier 155
pig 221
pigeon 227
pill 93
pillow 61
pilot 41
pine 233

pineapple 78
pins 166
pizza 126
plaice 84
planter 110
plant pot 65
plaster 93, 191, 210
plaster cast 207
plastic bag 72
plate 59
platform 38
playground 139
pliers 109
ploughman's lunch 120
plum 80
podium 169
pole vault 187
police station 139
pollock 84
pond 234
pony 220
popcorn 76
poplar 233
poppy 231
porridge 116
porter 150
postal worker 138
postbox 138
postcard 109, 138
POST OFFICE 137
potato 82, 119
pottery 164
potty 98
powder 95
practice nurse 201
pram 98
prawn 85
prawn cocktail 118
PREGNANCY 212
pregnancy test 213
printer 134
promenade 156
pruners 65
puffin 217, 227
pump 33
punchbag 185
purse 107
pushchair 98
putter 188
puzzle book 100

pyjamas 105
quiche 118
quilt 60
rabbit 220
RACKET SPORTS 176
radiator 50
radio 52
radius 199
RAIL TRAVEL 35
rainbow 236
Ramadan 241
raspberry 79
rat 220
razor 94
reading 143
rear light 33
rearview mirror 23
receipt 72
reception 151
receptionist 151
record shop 112
red 7
red card 173
redcurrant 79
Red Leicester 91
red pepper 82
referee 169
reflexology 215
refreshments trolley 37
remote control 53
restaurant 148
restaurant car 38
reusable shopping bag 72
rhinoceros 225
rhubarb 80
ribs 87, 199
rice 75, 119
rice pudding 121
ring binder 133
river 235
road 26
roast dinner 120
robin 227
rockpool 236
rocks 235
rolling pin 56
roof 22, 45, 50
rope 183
rose 232

259

roundabout 26
rowing 179
rowing boat 44
rowing machine 171
rubber gloves 68
rucksack 153, 183
rug 53, 61
RUGBY 174
rugby 174
rugby ball 174
rugby field 174
rugby goalposts 174
rugby player 174
ruler 131
running track 187
runway 41
rusk 97
saddle 33
safe 151
safety deposit box 136
safety pin 166
sailing 180
sailing boat 44
salad bowl 58
salmon 84
salopettes 182
salt 75
salt and pepper 124
salt cellar 58
sandals 107
sandcastle 156
sand dunes 236
sandwich 126
sanitary towel 94
Santa Claus 243
sardine 84
satellite dish 49
sat nav 23
saucepan 54
saucer 113
sausage 87
sausage and mash 120
sausage roll 89
saw 109
saxophone 159
scallop 85
scanner 134
scarf 107
schoolbag 130
scissors 133
scone 89

scoreboard 169
scourer 68
scrambled eggs 116
scratch card 99
screwdriver 109
screws 109
scrum 174
SD card 161
sea 155
sea bass 83
seal 230
seashells 156
seatbelt 23
sea urchin 230
seaweed 155
security alarm 49
seeds 110
semi-detached house 47
serving dish 58
sewing basket 166
sewing machine 166
shampoo 94
shark 230
sharpener 131
shaving foam 94
sheep 221
sheepdog 221
sheet music 158
sheets 60
shelves 53
shiatsu massage 215
shin 196
shingle 155
shin pads 173
shirt 104
shoe shop 112
shooting 190
shopping 143
shorts 106
shot put 187
shoulder 197
shower 63
shower gel 94
shower puff 62
showers 171
shower screen 63
showjumping 190
shrimp 85
Shrove Tuesday 241
shrub 66

shuttlecock 176
sideboard 52
sieve 56
SIGHTSEEING 144
sightseeing bus 145
signal box 38
SIM card 128
singer 158
single room 151
sink 57, 63
skateboarding 190
skating 182
sketchpad 165
ski boots 182
ski gloves 182
ski goggles 182
ski helmet 182
ski jacket 183
ski poles 182
skipping rope 171
skirt 105
skis 183
skull 199
sledge 182
sleeper 38
sleeping bag 153
sleepsuit 96
sliding doors 37
sling 210
slippers 107
slug 229
smartphone 128
smoke alarm 50
smoked salmon 118
smoothie 115
snail 228
snake 223
snooker 189
snowboard 183
snowboarding boots 182
snowsuit 96
soap 63
socks 104
sofa 53
soft furnishings 102
sole 195
sonographer 213
soundbar 160
soup 118
spade 65

spanner 108
spare wheel 29
sparrow 227
spatula 56
speakers 160
spectators 169
speed camera 26
speedometer 23
spices 74
spider 228
spikes 186
spinach 82
spine 199
spirit level 109
spirits 76
splinter 209
sponge 62
spoon 59
sport 143
sportsperson 169
spotlight 57
squash 177
squash ball 177
squash racket 177
squid 85
squirrel 224
stable 222
stadium 169
stag 224
stamp 100, 138
stands 169
stapler 133
starfish 230
starling 226
stars 236
starting block 187
steak 87
steak and kidney pie 120
steak knife 124
steering wheel 23
stepladder 109
stethoscope 201
sticky notes 134
sticky tape 134
sticky toffee pudding 121
Stilton® 91
sting 209
stitches 207
stopwatch 186
strawberry 79

260

stream 235
streamers 239
Strimmer® 64
student 131
sugar 75
suitcase 41
sun 236
sunburn 209
sunflower 232
sunglasses 156
sunhat 155
suntan lotion 93, 156
SUPERMARKET 73
surfboard 180
surfing 180
sushi 126
swan 226
sweatshirt 106
sweetcorn 82
sweets 76
swimming cap 179
swimming pool 179
swimming trunks 156, 179
swimsuit 105, 156, 179
swivel chair 134
synagogue 140
syringe 191, 201
table 124
tablecloth 124
tablet 93, 138, 191
table tennis 190
taekwondo 185
tail 217
talcum powder 97
talon 217
tambourine 159
tampon 94
tap 57, 63
tape measure 166
teabags 75
team 169
teapot 56
teaspoon 59
tea towel 63
tea with milk 113, 114
tee 188
teeth 203
telephone 134
tennis 177
tennis ball 177

tennis court 177
tennis player 177
tennis racket 177
tent 141, 153
tent peg 141
terraced house 47
textbook 130
theatre 148
thermometer 201
thermostat 50
thigh 196
thistle 233
(three-piece) suit 104
thrush 226
thumb 195
tibia 199
ticket 19
ticket barrier 37
ticket machine 37
ticket office 37
tie 104
tiger 225
tights 104
tiles 57, 108
till (point) 72
TIME 14
timetable 19
tin opener 55
tinsel 243
tissues 93
toad 223
toast 116
toasted sandwich 126
toaster 55
toe 195
toenail 195
toilet 63
toilet brush 62
toiletries 151
toilet roll 62
toll point 25
tomato 82
toothbrush 94, 203
toothpaste 94, 203
toothpicks 124
torch 153
tortoise 223
tour guide 145
tourist office 145
towel rail 63
town hall 140

tow truck 29
toys 102
toyshop 112
track 38
track cycling 189
traditional Chinese medicine 215
traffic cone 25
traffic lights 25
traffic warden 25
train 38
trainers 107
train station 37
tram 38
travel agent's 111
travel cot 98
travelling 143
treadmill 171
trellis 66
triathlon 190
trifle 121
tripod 161
trolley 72
trombone 160
trophy 169
tropical fish 220
trousers 105
trout 84
trowel 65
trumpet 160
T-shirt 106
tuba 160
tulip 232
tumble drier 68
tumbler 59
tuna 84
tunnel 26
turbot 84
turkey 221
turnip 82
turntable 160
turtle 223
TV 53
TV stand 52
tweezers 210
twin room 150
tyre 22, 33
ulna 199
ultrasound 213
umbrella 7
umpire 177

USB stick 133
vacuum cleaner 67
Valentine's day 241
valley 235
vegetable oil 69, 74
Venetian blind 53
vertebrae 199
vest 96
VET 216
Victoria sponge 121
vinegar 75, 124
violin 160
volcano 235
volleyball 190
waiter 124
waiting room 201
waitress 124
walking 143
walking boots 183
walking poles 183
wallet 107
wall light 53
wallpaper 109
ward 207
wardrobe 61
warning triangle 29
washing line 67
washing machine 68
wasp 229
watch 107
watching TV/films 143
watercolours 165
waterfall 234
watering can 64
watermelon 80
water polo 190
waterskiing 180
waterproof jacket 105
WATER SPORTS 178
weasel 224
WEATHER 16
wedding 244
weedkiller 65
weightlifting 190
weightlifting bench 170
Wellington boots 64
Welsh rarebit 120
Wensleydale 91
wetsuit 180
wet wipes 97

261

whale 230	windowbox 65	wood-burning stove 50	wrestling 185
wheel 22, 33	windscreen 22	wooden spoon 55	wrist 195
wheelbarrow 64	windscreen wiper 22	woodlouse 228	X-ray 207
wheelchair 207	windsurfing 180	woodwork 164	xylophone 160
whisk 55	wine 76	woolly hat 106	yacht 44
whistle 173	wine glass 59, 124	WORK 12	yellow 7
white 7	wing 22	worktop 57	yellow card 173
whiteboard 131	wing mirror 22	wrap 126	yoghurt 90, 116
wicket 175	WINTER SPORTS 181	wrapping paper 243	Yorkshire puddings 119
willow 233	wireless router 128	wreath 242	zebra crossing 25
windbreak 155	wok 56	wrench 108	Zimmer frame® 207
window 22, 45, 50			

CRÉDITS PHOTOGRAPHIQUES

Shutterstock: p.19 le billet (Sergio Delle Vedove), p.19 l'horaire (TK Kurikawa), p.22 l'extérieur, *image au bas de la page* (JazzBoo), p.31 le minibus (Iakov Filimonov), p.37 le métro léger (Bikeworldtravel), p.37 le guichet (Michael715), p.37 le guichet automatique (Balakate), p.38 le tramway (smereka), p.100 la confiserie (Bitkiz), p.102 l'alimentation (1000 Words), p.102 les chaussures (Toshio Chan), p.102 les jouets (Zety Akhzar), p.102 les produits de beauté (mandritoiu), p.102 les ustensiles de cuisine (NikomMaelao Production), p.111 l'agence immobilière (Barry Barnes), p.111 l'animalerie (BestPhotoPlus), p.112 le magasin d'électroménager (BestPhotoPlus), p.112 le magasin discount (David Alexander Photos), p.136 le bureau de change (Lloyd Carr), p.138 le timbre (Andy Lidstone), p.140 l'église (Ilya Images), p.140 le palais des congrès (lou armor), p.145 le bus touristique (Roman Sigaev), p.147 le casino (Benny Marty), p.147 la comédie musicale (Igor Bulgarin), p.148 l'opéra (criben), p.148 le spectacle comique (stock_photo_world), p.155 le camion du marchand de glaces (Jason Batterham), p.156 le front de mer (Oscar Johns), p.158 la chorale (Marco Saroldi), p.158 l'orchestre (Ferenc Szelepcsenyi), p.173 le terrain de football (Christian Bertrand), p.177 l'arbitre (Stuart Slavicky), p.177 le juge de ligne / la juge de ligne (Leonard Zhukovsky), p.182 la piste de ski artificielle (Christophe Jossic), p.189 la course automobile (Cristiano barni), p.190 le tennis de table (Stefan Holm), p.190 le water-polo (katacarix), p.207 les urgences (kay roxby), p.213 la salle d'accouchement (ChameleonsEye), p.240 la danse irlandaise (Zvonimir Atletic), p.240 la danse Morris (JaneHYork), p.240 le festival gallois de littérature, musique et théâtre (Andreas Zerndl). Toutes les autres images utilisées proviennent de l'agence Shutterstock.

Nos guides et dictionnaires visuels à glisser dans votre poche !

LES GUIDES DE CONVERSATION

Disponibles en :
- anglais
- espagnol
- italien
- portugais

LES DICTIONNAIRES VISUELS

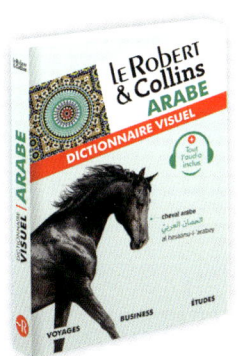

Disponibles en :
- anglais
- français
- espagnol
- arabe
- chinois
- japonais
- coréen

www.lerobert.com